姫君の世界史

MARIE ANTOINETTE

マリー・アントワネットのお菓子

大森由紀子
Omori Yukiko

La pâtisserie de
MARIE-ANTOINETTE

創元社

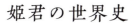

マルティン・ファン・マイテンス《パルマのイザベラ姫と皇帝ヨーゼフ2世の結婚式のための公式晩餐会（部分）》1760年頃、シェーンブルン宮殿

結婚の祝い菓子だったマカロン。当時は絞り型がなく、スプーンですくって作られた

蜂蜜とアーモンドが使われた、手裏剣のような形のロリケット

はじめに

世界一その名を知られている王妃、マリー・アントワネット。その最も華麗で残酷な物語が、実在したと信じ切ることはできない。しかし、彼女が住んだ宮殿や愛用した品々、母や愛人に宛てた書簡などによって、私たちは一人の女性としての生身の人物を実感できる。だからこそ、いまだにアントワネットに関する研究は続き、本の出版や映画製作が後を絶たない。そんな彼女の新しい側面を引き出したいのであれば、こんな言葉を彼女に投げかけてみたい。

「あなたの食べているものを教えてください。あなたがどんな人かを当ててみましょう」

これは十九世紀の政治家にして美食家、ブリア・サヴァランが『美味礼讃』に書き残した言葉である。そこで菓子研究家として私が知りたいのは、アントワネットはどんなお菓子を食べていたのかである。オーストリアからフランスへと国境をまたいで嫁いだアントワネットの時代や環境で食されていた甘味は、どんなものだったか。そしてそれは、アントワネットの短い生涯にどんな役割を持っていたのか。

アントワネットが食べていたお菓子の資料は、ほとんど残っていない。しかし、彼女が育ったハプスブルク家は、宮廷菓子部門なる菓子製造所を備えており、身近に砂糖菓子が存在したし、一説によるとアントワネットは、大の甘い物好きだったらしい。

二百余年の歳月をさかのぼって、彼女が食べていたお菓子を探る旅は、ヴェルサイユ宮殿から始まった。ガイド付きツアーにも参加し、尋ねてみた。しかしガイドでさえ、「クグロフ、いやブリオッシュかな?」くらいの認識しかなかったのである。アントワネットの三十七年の生涯で食べたお菓子は、そんなものではないはずである。そこで私は、彼女の人生の折々に寄り添ったであろうお菓子たちを文献から拾い、歴史的観点を重ねてみた。するとアントワネットがいくつかのお菓子を頰張るイメージが浮かんできたのだ。

十八世紀のレシピをひもとく作業は興味深かった。当時すでに折パイ生地やシュー生地も存在しており、正確な分量の記載はないが、作り方はほとんど今と変わっていない。しかし、現代の形になるまでは、時間がかかっていることも確かだった。この本では、いくつかのお菓子のレシピを紹介しているが、当時の配合や作り方を、現代風に私の視点でアレンジさせていただいたものもある。お菓子は王妃が愛した矢車菊と真珠をモチーフにしたお皿に盛り付けた。ぜひ作っていただき、実際に味わって、マリー・アントワネットの生涯に、改めて想いを寄せていただければ嬉しい。

第三章　パリとヴェルサイユの甘味 119

第四章　プチ・トリアノンで生まれたお菓子　167

第一章　甘党のハプスブルク家

王妃の生家

マリー・アントワネットが産声を上げたのは、一七五五年十一月二日。女帝マリア・テレジア（一七一七―一七八〇）の十五人目の子どもとして、オーストリア・ハプスブルク家に誕生した。オーストリアでの正式な名前は、Maria Antonia Josepha Johanna（マリア・アントーニア・ヨーゼファ・ヨハンナ）という。

母であるマリア・テレジアは、ハプスブルク家きっての女傑であった。二十年間にわたり妊娠、出産を繰り返し、娘を十一人、息子を五人、合わせて十六人産んでいる。そのうち成長したのは十人であるが、多くの子どもを残そうとしたのは、ハプスブルク家の家訓であった、婚姻による外交手段のためであった。したがって、子どもたちの結婚は、相手の人柄や性格は関係なく、計画的に成し遂げられた。その結果、生涯を犠牲にしてしまった娘たちがいる。

その筆頭がアントワネットであることは間違いないが、四女マリア・アマーリアもまた悲劇的な人生を送っている。アマーリアは、心から慕っていた恋人がいたが、テレジアによって恋人と引き裂かれ、北イタリアのパルマ公国奪還のために、パルマ公国に嫁がされた。しかし、夫のパルマ公フェルディナンドは、病弱で知的障害があったため、アマーリ

マルティン・ファン・マイテンス《1755年の皇帝一家の肖像》1755年頃、ヴェルサイユ宮殿。中央ゆりかごの中にいるのがマリー・アントワネット

マルティン・ファン・マイテンス《マリー・アントワネットの肖像》1767年頃、シェーンブルン宮殿

アは絶望する。生活は荒れ、さらには国政も破綻させてしまう。最後は、母テレジアから勘当させられてしまったのである。

テレジアは、オーストリアと敵対関係にあったプロセインに対抗するために、一七五六年に長年争ってきたフランスと同盟を結んだ。そして、その同盟をより強固なものとするため、両家を血縁で結びつけようとしたのである。

そこでテレジアは、王妃を亡くした、六十歳になろうとするルイ十五世に、娘のエリザベートを嫁がせようとしたが、当時彼女は天然痘にかかり、見た目を損なっていたため、やむなくあきらめた。次に白羽の矢が立ったのが末娘のアントワネットである。年齢的に釣り合う次期の王、のちのルイ十六世との婚姻を画策した。アントワネットのフランスへの輿入れは、テレジアの政略結婚プランの総仕上げでもあったのである。

テレジアは、当時ハプスブルク家が治めていた神聖ローマ帝国の皇帝、カール六世の娘である。カール六世は旧スペイン領のナポリ王国、ミラノ公国、ロンバルディア、サルディーニャ王国、さらに南ネーデルラント（ベルギー）もオーストリア領とし、領土拡大に務めた人物だった。そのような大国を次世代に継承させるため、カール六世が即位して二年後に行ったことがある。それは、ハプスブルク家の相続法「国事詔書」を発布したことであった。これにより、第一子が女子でも家督を相続できる権利が与えられるようになった。

ハプスブルク家は、婚姻により十六世紀半ばにはスペインを手に入れ、スペイン・ハプスブルク家としても家系が続いていた。だが近親婚が多すぎたため、一七〇〇年にカルロス二世が病死し、スペイン・ハプスブルク家は絶えてしまったのである。オーストリア・ハプスブルク家の存続を危惧したカール六世は、当時、サリカ法典をもとに男子相続の考え方が根強かったヨーロッパ各国の反対を押し切り、多大な要求を呑みながらも、女子も家督を相続できるようにした。案の定、カール六世には男子の跡継ぎができず、長女テレジアがハプスブルク家を、つまり神聖ローマ帝国を統治することになった。

その夫であり、フランスのロートリンゲン（現在のロレーヌ地方あたり）出身のフランツ・シュテファン（一七〇八—一七六五）がフランツ一世として神聖ローマ皇帝に即位する。テレジアにとって夫フランツ一世は、初恋の人だったという。しかし、名門ハプスブルク家と小国ロートリンゲンとの婚姻は一筋縄ではいかず、最終的には、ロートリンゲンを当時のフランス国王ルイ十五世にやむなく譲渡し、成就したのである。

外交には常に厳しい姿勢で臨んできたテレジアであったが、家族とは穏やかで愛のある生活を送っていた。そんな背景もあってか、アントワネットをはじめ、子どもたちは伸び伸びと育っていった。

その一方、末娘のアントワネットには、将来の王妃を目指す教育も怠らなかった。歌や踊り、皇女としてふさわしいふるまいや外国語などの習得を養育係にゆだね、宮廷行事にも参加させた。

アントワネットの社交界デビューは四歳だったといわれている。一七六二年には音楽の神童といわれたモーツァルトを迎え、シェーンブルン宮殿で演奏会を開いた。そのとき、モーツァルトが転んでしまったところに、アントワネットが手を差し伸べたら、モーツァルトが「将来は君と結婚したい」と言ったという逸話も残っている。

テレジアは養育係に細かく指示を与えている。アントワネットを甘やかさないように、厚着をさせないように、乱れた言葉は使わせないように、そして人に笑われるような態度を取らないように、などである。しかしながら、当時のアントワネットは集中力がなく勉強は苦手であった。語学や一般教養はほとんど身につけず、母テレジアを困らせた。フランスの未来の王妃としてフランス語だけはと、フランスの劇団俳優を教師として雇ったりもした。しかし、このことにルイ十五世は怒り、結局フランス側が推薦したヴェルモン神父に教えを乞うことになる。未来のフランス王妃の教育はすでにフランス側が担うことになっていたからだ。

テレジアは家族の健康にも気を遣い、特に栄養バランスの良い食事を心がけた。子どもには砂糖菓子は食べさせなかった。砂糖は当時、貴重で高価なものゆえ権力の象徴であっ

ミシェル＝バーテルミー・オリヴィエ《パリ、タンプル宮の四面鏡の間での英国風茶会》1766年、ヴェルサイユ宮殿。チェンバロを弾いているのが幼少時のモーツァルト

ジョゼフィ・デ・オドス《一対の静物画、菓子と陶器、菓子と花》1676年、アンセルモ・ブラームカンプ・フレイレ博物館。17世紀のスペインの焼き菓子や砂糖菓子

た。そのため宮廷の食卓に砂糖菓子は不可欠であり手の届くものだったが、子どもたちの砂糖の摂取には厳しかったのである。

夢の甘味がやってきた！

ここで、ハプスブルク家と神聖ローマ帝国の関係を少し語ろう。

神聖ローマ帝国とは、現在のドイツを中心とした複合国家である。ローマ教皇から古代ローマ帝国の再興依頼を受け、八〇〇年にカール大帝が戴冠した西ローマ帝国皇帝を、ザクセン家のオットー一世が九六二年に継承した。その領土は、現在のドイツ、オランダ、ベルギー、オーストリア、チェコ、フランス東部、スイス、イタリア北部に及ぶ。

その後、ハプスブルク家出身者が神聖ローマ皇帝として、一四三八年から一八〇六年までヨーロッパに君臨する。そのきっかけは、一族発祥の地であったチューリッヒとバーゼルの間の地域の城主だったルドルフ一世が、一二七三年にドイツ国王に選ばれたことであった。一時、国王の座は他家に渡ったが、一四三八年に再びハプスブルク家に戻り、フリードリヒ三世（一四一五―一四九三）が皇帝となった。その息子マクシミリアン一世（一四五九―一五一九）の時代から、政略結婚を企ててさらに発展し、オーストリア・ハプスブルク家とスペイン・ハプスブルク家に一時裾を分かつこともあった。

スペイン・ハプスブルク家は、カール五世の息子、フェリペ二世の時代に多くの植民地を所有し、日本への接触も果たすなど黄金期を迎える。しかし、近親婚が多かったため病弱な者が多く、衰退の一途をたどり、一七〇〇年、カルロス二世の時代に消滅してしまう。以降、オーストリア・ハプスブルク家が権力を持つようになった。

以上の歴史を振り返ると、アントワネットが育ったハプスブルク家の食卓は、中世に繁栄を極めたブルゴーニュ公国やスペインの影響を少なからず受けたことがうかがえる。

だがその前に、フリードリヒ三世の妻がポルトガルから嫁いだことに注目したい。この結婚により、ハプスブルク家に砂糖がもたらされ、菓子作りの幅を広げていった。ポルトガルは十五世紀の大航海時代、エンリケ王子の政策によりいち早く植民地を手に入れた。そのうちの一つ、ブラジルでの大規模なサトウキビ栽培により、富を蓄えていく。砂糖はまだ高価なものであったので、砂糖を制する者は世界を制するといわれるほどであった。

砂糖が存在しなかった時代、甘味といえば蜂蜜だった。ギリシャとローマの菓子には蜂蜜が使われ、現在でもアラブ菓子にその名残を残している。古代において、蜂蜜は魔法の治癒力があると思われており、農業に関係する神々に捧げられていただけでなく、それが光を象徴することから、地獄の神々を鎮めるための供物として菓子に加えられていたのだ。

ヨーロッパ人で初めて砂糖を発見したのは、北インドにおいて、紀元前四世紀にギリシャからインドを支配していたアレキサンダー王の兵士たちである。しかし、実際に砂糖をヨーロッパにもたらしたのは、布教していたイスラム教徒である。彼らは地中海を支配し、そこでサトウキビの栽培と製糖を行うようになった。それをヨーロッパに伝えたのが、十字軍である。十一世紀から十三世紀にかけてエルサレムの聖地奪回という目標のもとに、イスラム国に七回以上に及ぶ遠征を果たした。結果的に遠征は失敗したものの、それにより、当時のヨーロッパよりレベルの高いイスラム世界の文化や、医学や科学の技術を取り入れたのである。サトウキビの栽培と製糖の技術もその一つだった。

砂糖がイタリアのベネチアで製糖されるようになり、商売として成り立つようになったのは十六世紀である。ベネチア商人たちは膨大な富を蓄えていった。何しろこの頃は砂糖五〇〇グラムが牛肉十二キログラムで取引されていたというのだから、砂糖がどれほど高価なものだったかがうかがえる。

世界で最初の砂糖菓子が作られたのもベネチアだといわれている。イタリアからフランスのアンリ二世に嫁いだカトリーヌ・ド・メディシスは、砂糖菓子やマカロンなど甘い菓子をフランスにもたらした。そして、予言者でもあり医者でもあったノストラダムスを宮廷に呼び寄せ、砂糖の研究をさせたのである。ノストラダムスは、一五五五年に果物から作るジャムやシロップ、ジュレのレシピも出版している。

当時、ベネチアではマジパンも盛んに作られていた。マジパンは、アーモンドと砂糖を練ったペーストで、様々な装飾を作る菓子素材でもある。アーモンドを使ったお菓子は、元々イベリア半島にアラブ圏から伝えられた。どんな土地でもたくましく育つアーモンドの木は、乾いた土地が多かったスペインやイタリアでも重宝され、多くのアーモンド菓子が生まれた。マジパンや砂糖菓子で飾り立てられたハプスブルク家の晩餐会は、さぞ華やかだったことだろう。豪華に装飾された食卓を「シャウ・エッセン」(Schau essen)と呼んだ。

結婚がもたらしたパン・デピス

神聖ローマ皇帝マクシミリアン一世の時代には、砂糖を使用したレープ・クーヘンが誕生した。レープ・クーヘンとは、粉やライ麦粉、蜂蜜、数種のスパイス、オレンジやレモンの皮などを混ぜて作る固めのパン・デピス(スパイスクッキー)で、それまで甘味として使われていた蜂蜜に砂糖も加わることになる。今では、ヘキセンハウスなどのクリスマスオーナメントに欠かせない伝統菓子だが、当時を考えれば、まだ貴重だったスパイスに砂糖という、庶民には手の届かない食材から作られていた。

パン・デピスの起源は、十世紀頃の中国といわれている。当時はスパイスが入っておらず、小麦粉と蜂蜜で作られていた。それは「ミ・コン」と呼ばれ、栄養がありエネルギー

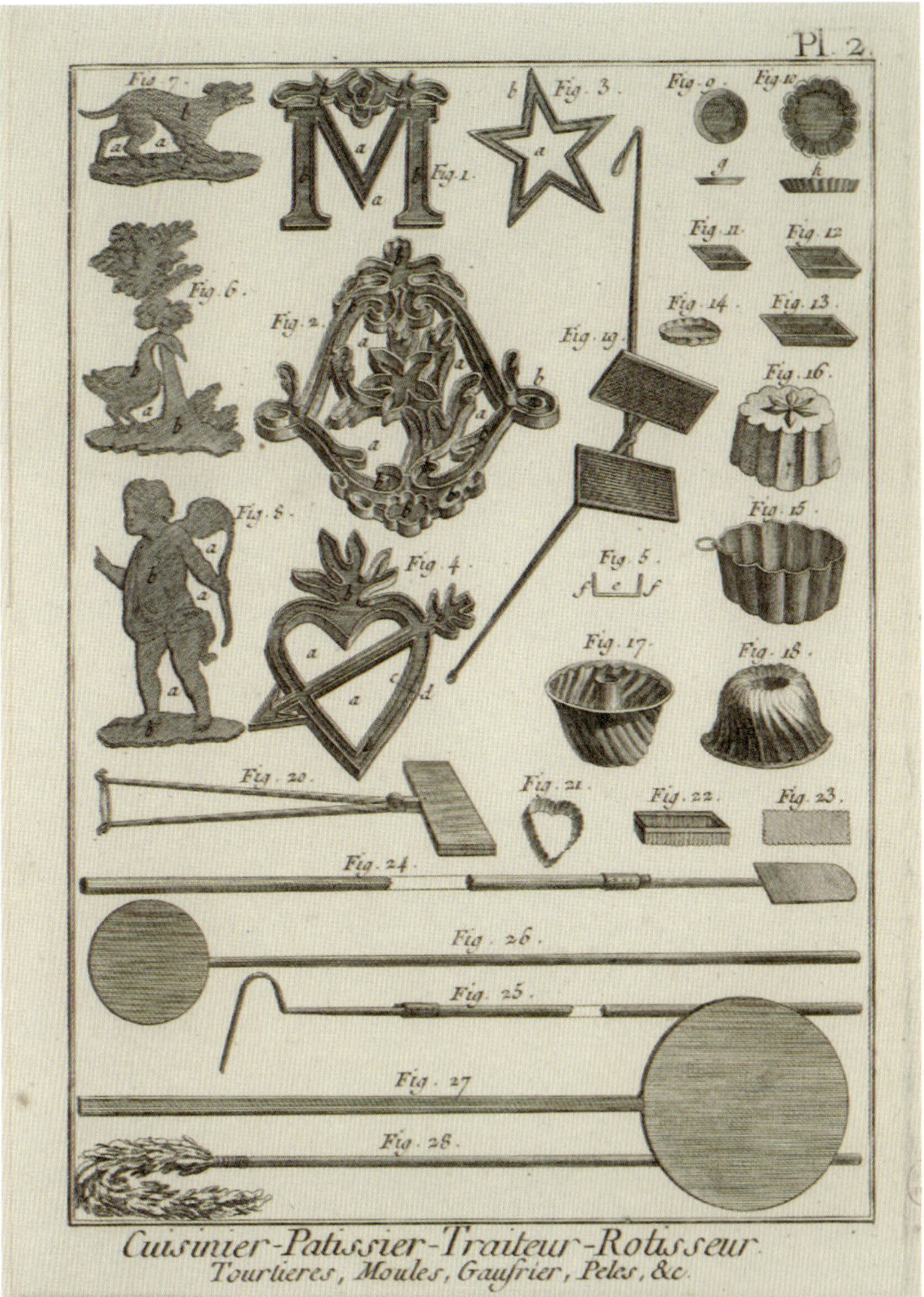

ディドロとダランベール『百科全書』よりパティシエの調理道具、1771年頃。Fig.1〜5はブリキの型、6〜8はマジパンやビスケット、17〜18はクグロフ型、19〜20はワッフルを作る鉄製器具、24〜28はオーブン用の道具

源になることから、十三世紀に中国を支配したモンゴルのチンギス・ハンが、ヨーロッパに遠征する際に持ち歩いていた。そして親戚であったトルクメン人に伝え、のちにそのトルクメン人がトルコに移住したことにより、アラブに伝わったのだ。それを十字軍がヨーロッパに持ち帰り、中部ヨーロッパを経由した際にスパイスが加わった。

当初、パン・デピスは、穀物を収穫し養蜂も営んでいた修道院で作られており、巡礼者のために保存食としてもふるまわれていた。それは平たい形状でクークと呼ばれ、表面には焼き型により修道院の教会のモチーフが付けられていたのである。その後、職人の手で作られるようになると、そのモチーフは神話や民衆の生活を元に描かれるようになっていった。

やがてパン・デピスは、カトリック色が強かった東ドイツやオーストリアなどで、十二月六日に祝うサン・ニコラ祭に、子どもたちにふるまわれるお菓子となった。

サン・ニコラは、現在のトルコで三世紀半ばに生まれ、没後は子どもたちの守護聖人として祀《まつ》られている。クリスマスの日に、靴や靴下にパン・デピスなどのプレゼントを入れる習慣は、この聖人の伝説に由来する。

ある村に、三人の娘を結婚させるためのお金がない父親がいた。その話を聞きつけたサン・ニコラが、夜になってその家に金貨を三つ投げ込んだところ、娘たちの靴の中に入ったという。そんなことからサン・ニコラは、サンタクロースの原型という説も唱えられている。

ハプスブルク家の家族の行事は、宮廷の礼儀作法抜きに和やかだった。あるサン・ニコラの日の光景も絵画となって残っている。

プレゼントの人形を見つけたアントワネットは大喜びでみせびらかし、弟のマクシミリアンは床に座り込んで、パン・デピスを食べるのに夢中になっている。姉のマリア・クリスティーナは、鞭《むち》打ちおじさんの人形の鞭で弟のフェルディナンドを脅している。中央には普段着のテレジアがおり、暖炉の前には毛糸帽をかぶり、スリッパを履いてくつろぐフランツ一世がいる。そのようなどこの家庭でも見受けられる温かい雰囲気があった。

さて、話を元に戻そう。皇帝マクシミリアン一世は、ブルゴーニュ公の一人娘マリアと結婚するが、この婚姻もまた当時のハプスブルク家に食文化の変化をもたらした。

ブルゴーニュ公国は、一三六九年にフランドル地方のマルグリット王女がフィリップ豪胆公に嫁いだことから、現在のベルギー、オランダ、ルクセンブルクなども所有する大国となり、毛織物貿易で膨大な利益を生み出していた。贅沢を極めていたブルゴーニュ宮廷では、あまたのパン職人や菓子職人が働いており、婚姻によってもたらされたパン・デピスも作られるようになったのである。そして、公女マリアの父シャルル突進公が戦死する

サン・ニコラの祭の一家。床に座っている弟マクシミリアンがパン・デピスを食べている。
左後ろのマリア・クリスティーナによる絵

と、ハプスブルク家は戦わずして、その洗練された食卓とともに、ブルゴーニュ公国を手に入れたのである。

現在ブルゴーニュ地方に伝わるパン・デピスは、十八世紀初めに作られたグロ・パンと呼ばれる大型で立体的なパン・デピスである。これこそが本物のパン・デピスと呼ばれ、ヨーロッパ東部で作られているクッキー系のパン・デピスより、高い評価を受けていた。

recipe

パン・デピス

Pain d'épices

材料と作り方
(18cm × 8cm × 高さ5cmの型1台分)

薄力粉……130g
重曹……5g
蜂蜜……140g
全卵……36g
きび砂糖……36g
溶かしバター……36g
シナモン、ナツメグ、クローヴ(粉)……合わせて3g

●準備

◆オーブンは180℃に予熱しておく。
◆型にオーブンペーパーを敷き込む。
◆薄力粉と重曹、スパイス類は合わせてふるう。

①ボウルに蜂蜜、全卵、きび砂糖、溶かしバターを順に混ぜ入れていく。バターは熱いうちに入れる。
②ふるっておいた粉類を加えて混ぜる。
③型に流して180℃のオーブンで約40分ほど焼く。

恋愛結婚が生んだ美食の系譜

一五六〇年には、ハプスブルク家の食卓にある変革をもたらす皇帝が現れる。それは、皇帝マクシミリアン一世の息子フィリップ美公と、スペイン王女ファナの間に生まれた息子で、のちに皇帝となるフェルディナント一世（一五〇三―一五六四）である。彼は幼少期を過ごしたスペインで菓子職人が作った菓子を好んで食べていた。その影響で皇帝となってオーストリアに戻ってからも、スペイン宮廷で働いていた菓子職人を呼び寄せ、菓子を作らせた。それに飽き足らず、皇帝に即位したのちの一五六〇年に「宮廷菓子専門学校」を支援したのだった。これをきっかけとして、ほかに類のない美味なウィーン菓子が考案され、作られていった。

それと並行し、現存するヨーロッパ最古の料理本を残した女性と結婚したのが、フェルディナント一世の次男、フェルディナント二世（一五二九―一五九五）である。その女性とは、胡椒や香辛料で富を蓄えたアウクスブルクの大富豪商ヴェルザー家の娘であった。

ある日、フェルディナント二世は、家族でアウクスブルクを訪問した際、豪壮なヴェルザー家の館の窓から、一人の女性の視線をずっと感じていた。彼はその女性の聡明なまなざしが忘れられなかった。すると偶然、別の日に彼女と再会する。その後二人は愛し合うようになるが、皇帝の息子と貴族でもない一商人の娘の結婚は前代未聞である。しかしフェルディナント二世は、帝位継承権と遺産相続権を放棄してまで、このフィリッピーネ・ヴェルザー（一五二七―一五八〇）と結婚した。数年たち二人の結婚は暗黙のうちに承諾されたが、彼らの子どもたちには、ハプスブルク家の相続権は認められないものとされた。

フィリッピーネは貿易商家の出身で、オリエントや小アジアから運ばれてくる秘薬や煎じ薬などにも通じており、周囲の病人を助け、夫の健康にも留意した。そして母親譲りの料理上手も発揮する。母から受け継いだレシピに自身のものを付け加えた『フィリッピーネ・ヴェルザーの料理本』を、弱冠十七歳で出版した。フランス料理の基礎の本を出版したフランソワ・ピエール・ラ・ヴァレンヌ（一六一八―一六七八）までもが手本にしたといわれている。

その本は、現在も夫妻が過ごしたインスブルックのアンブラス城に保管されている。

フィリッピーネの考案した菓子には、アーモンド・トルテ、桃のトルテ、そして夫妻が住んでいたチロル地方の、新鮮な乳から作られるチーズを使ったトプフェン・トルテなどがある。特にトプフェン・トルテは、後にアントワネットがヴェルサイユのプチ・トリアノンで、農家のまねごとをして作ったチーズを使った菓子の元となったものだろう。

宮廷菓子部門の設立

オーストリアで結婚により継承された菓子は、これだけではない。テレジアは、フランスのロートリンゲンを治めていたフランツ一世と結婚したが、政略結婚が当たり前の当時、二人は恋愛で結ばれた例外のカップルであった。しかも夫の出自は格下だ。フランツ一世が婿入りするとき、菓子職人を連れてきたため、テレジアはさらに甘い菓子の魅力に取り憑かれ、一七四一年にハプスブルク宮廷に「宮廷菓子部門」を設立した。そこでは、ケーキ、クッキー、フルーツのコンポート、マーマレード、アイスクリーム、そしてシャーベットなどが作られていたという。宮廷菓子部門には、シェフや職人、見習いや給仕などのほかに、シュトロイアー（Streuer）と呼ばれる人がいた。それは「まく人、ふりかける人」という意味だが、砂やパンくず、塩などを使ってテーブルに絵を描く特別技能を持つ職人である。シュトロイアーは、フランツ一世がフランスから伝えた。さらに食卓は、貴重な砂糖で作ったピエス・モンテなどで装飾されていたが、この食卓装飾品は、のちにウィーン磁器工房アウガルテンの磁器や、銀製の鏡付きセンターピースにとって代わられていく。

日本でもファンが多いオーストリア菓子に、アプフェルシュトゥルーデルがある。薄い生地にリンゴ、シナモン、レーズンなどを巻いて焼く。着目すべきは、その生地だ。作る際、新聞を下に当てたときに文字が透けて見えるくらい薄くのばして作る。この生地は、アラブ菓子のバクラヴァという甘いお菓子に使用されているフィロと呼ばれるものと同じである。バクラヴァは、その生地の間にナッツを挟み、焼いてから甘いシロップに漬けて作る。

中世より、アラブ人がイスラム教を広めるために、ヨーロッパの広い範囲に進出していた関係で、オーストリアにもこの生地が伝わった。フランス南西部にも、同様の生地を使ったリンゴのお菓子のクルスタッド・オ・ポムがあるが、生地のルーツは同じくアラブである。彼らは土地も戦利品も望まず、改宗させることが目的だったから、その土地に居座り、女性たちに生地の作り方を教えていたのであろう。

アプフェルシュトゥルーデルの作り方は、シェーンブルン宮殿の地下厨房跡で見学できる。菓子職人が生地を空中に放って、回転させながら薄くのばしていく様子は圧巻である。そこにリンゴなどのフィリングを専用の布でくるむ手つきは熟練の技だ。甘いものを食べるなという母の目を盗んで、幼きアントワネットもこのアプフェルシュトゥルーデルを食べていたのかもしれない。

recipe

アプフェル シュトゥルーデル

Apfelstrudel

材料と作り方（8個～10個分）

生地

強力粉……100g
薄力粉……100g
サラダオイル……30cc
塩……2g
水……100～110cc
溶かしバター……適量

準備

◆オーブンは200℃に予熱しておく。
◆粉類は合わせてふるっておく。
①ふるった粉類のボウルにその他の材料を入れて、3分くらいこね、丸めてビニールなどに入れ、2時間ほど涼しい場所で休ませる。
②打ち粉（分量外）をふった布の上で、麺棒でのばせるところまでのばし、その後は手を使って、正方形に薄くのばしていく。

ガルニチュール

リンゴ……1個
砂糖……20～30g
ケーキクラム……20g
シナモン……少々
レーズン……15g
レモン汁……小さじ1
溶かしバター……適量

①リンゴは皮をむいて4等分にし、5mm幅くらいのいちょう切りにする。
②材料全てと混ぜ合わせておく。

仕上げ

①オーブンは200℃に予熱しておく。
②のばした生地全体に溶かしバターを刷毛で塗る。
③手前から5cmくらいのところに、水分を取り除いたガルニチュールを広げる。
④布を使って巻き寿司のように巻き、巻き終わりを下にする。
⑤オーブンシートを敷いた天板に③を移して、200℃のオーブンで30分焼く。

郷土菓子、リンツァー・トルテ

ハプスブルク家で十七世紀から食べられていたお菓子にリンツァー・トルテがある。このお菓子の発祥はかなり古く、三〇〇年以上前に、ドナウ河のほとりに広がるオーストリア第三の町、オーバー・エスターライヒ州リンツで作られた。ここは皇帝フリードリヒ三世が、一四八三年に宮廷を移した地としても知られている。またレオポルト一世が、ペストの猛威やトルコ軍によるウィーン包囲から逃れるため、一六八三年にリンツへ避難した経緯がある。

そんな皇帝たちに愛された歴史ある街並みは、モーツァルトやブルックナーなどの音楽家にも親しまれた。モーツァルトはこの地で「交響曲リンツ」を創作し、ブルックナーは、リンツ大聖堂で十二年間オルガンを弾いた。

リンツァー・トルテは、小麦粉、ヘーゼルナッツ、砂糖、卵、バター、スパイスで作られた生地をのばして、フランボワーズのジャムを塗り、余った生地で表面を格子状に覆い、アーモンドを散らして焼く。生地とジャムの間に、オブラートを忍ばせるのがウィーン菓子独特の製法である。ほのかに感じるスパイスと、さくっとした食感が美味しいオーストリアを代表するお菓子である。

recipe

リンツァー・トルテ

Linzer torte

材料と作り方（直径18cmのタルト型1台分）

●生地

バター……100g
グラニュー糖……35g
全卵……1個
薄力粉……90g
ヘーゼルナッツパウダー……75g
（手に入らなければアーモンドパウダー）
レモンの皮（すりおろす）……1/2個分
シナモンパウダー……1g
クローヴパウダー……1g

●ガルニチュール

フランボワーズジャム……適量
アーモンドスライス……適量
オブラート（薬局で購入可）……適量

●準備

◆オーブンは200℃に予熱しておく。
◆薄力粉とスパイス類を合わせてふるう。
◆型にバター（分量外）を塗っておく。

①バターを柔らかくして、グラニュー糖を混ぜる。
②ヘーゼルナッツパウダーを2～3回に分けて混ぜ、全卵を溶いて3～4回に分けて混ぜる。
③レモンの皮を混ぜ、ふるった粉類を混ぜる。
④生地を15分くらい休める。
⑤型に生地の半分を詰め、その上にオブラートを敷き詰め、ジャムを塗る。
⑥残りの生地を、直径1cmの丸口金を付けた絞り袋に詰める。周囲に1周絞り、全体に格子模様を絞る。
⑦アーモンドスライスを散らして、200℃のオーブンで30分焼く。

宮廷財政を圧迫したショコラ

砂糖同様、当時ショコラは貴重な食べ物だった。ショコラがヨーロッパ宮廷に伝えられたのは、スペインが最初である。十六世紀の大航海時代の幕開け、冒険家エルナン・コルテスが、南米のアステカ王国（現在のメキシコあたり）でカカオ豆に出合い、スペインに持ち帰った。それから四〇〇年のときを経て、私たちは宝石のようなボンボン・ショコラやタブレットと呼ばれる板チョコなどでその恩恵を享受している。

しかし、その裏には、奴隷貿易という犠牲の歴史があることを忘れてはならない。大航海時代、ポルトガルから始まる植民地支配下で、ヨーロッパ人はアフリカで奴隷を買い取り、彼らをガレー船に乗せ、遠い西インド諸島の島々やブラジルなどに連れていった。サトウキビや綿花、たばこ、カカオ、コーヒーなどのプランテーションで働かせるためである。その制度は十九世紀半ばまで残っていた。プランテーションによる生産物は、ベルギーのアントワープなどに集められた。当時アントワープには、世界中から商人が買い付けにやってくる大規模な市場があったのである。

初めてコルテスが口にしたショコラは、どろどろした奇妙な液体だった。カカオ豆を発酵させ、乾燥させて焙炒し、石の上ですりつぶしてペースト状にし、唐辛子などのスパイス、そしてトウモロコシ粉を混ぜて固めたものを飲むたびに砕いて使用していた。滋養になると考えられていたこの飲み物は、当時アステカの人々にとって、王をはじめとする一握りのエリート階級しか飲めなかった高価なものだったのである。ゆえにカカオ豆はお金の役割もしており、カカオ豆十粒でウサギ一匹、四粒でカボチャ、一〇〇粒で奴隷と交換されていた。コルテスによってスペイン宮廷に持ち込まれたカカオ豆は、当初アステカ人のように飲まれていたが、砂糖が手に入るようになると、砂糖を加えて飲むことが習慣になっていく。

飲むショコラがフランスに伝わるのは、スペイン・ハプスブルク家のアンヌ・ドートリッシュがルイ十三世と結婚した一六一五年である。

しかしながら、スペインをも掌握していたにもかかわらず、オーストリア・ハプスブルク家の人々がショコラを飲むには、一七三六年のテレジアの結婚を待たなければならなかった。夫となったフランツ一世によって、ショコラはスペインからではなく、フランスからオーストリアにもたらされたのである。というのも、ショコラは長いことスペインに独占され、さすがのオーストリア・ハプスブルク家も手に入れることができないくらい高価だったのだ。

また、ショコラを飲んでいたリヨンの枢機卿《すうききょう》は、スペインの修道士から薬として手渡されていた。当時、ショコラは胃の病気の薬や媚薬として効果があるとされ、カカオの木の学名には神の食べ物を指す「テオブロマ」という属名もある。そして、その扱いは宮廷の薬剤師が担っていた。

王の愛人たちは媚薬としてショコラを求めた。ルイ十五世の寵姫だったポンパドール夫人は不感症を治そうと、ショコラをトリュフやセロリのスープと一緒に食したが、それほど効果は見いだせなかったという。また、同じくルイ十五世の寵姫、デュ・バリー夫人は、自身の欲望を満たそうとショコラで恋人たちを興奮させたとして非難された。

フランス宮廷に一大ショコラブームを巻きおこしたのは、一六六〇年、ルイ十四世と結婚したスペイン王女マリー・テレーズ・ドートリッシュである。彼女は、ショコラ作り専用のメイドや、スペインですでにショコラを飲んでいた女官たちを伴ってヴェルサイユに嫁いだ。しかし、フランスでは当時、人前でショコラを飲むことは、高貴な身分の者にとってふさわしい行為と思われておらず、ルイ十四世はショコラを飲むことにいい顔をしなかった。そこでマリー・テレーズはもっぱら女官たちを相手に飲んでいた。

しかしこの時代には、フランスも新天地を求め、カリブ海のマルティニークやセントルシアを占領し、カカオ豆の生産を始めた。一六七九年には、マルティニークで収穫されたカカオ豆が初めてフランスに到着する。ショコラが健康に良いと知ったルイ十四世は、ショ

ジャック・ロモニエ《1660年6月9日、フランス国王ルイ14世の結婚式》17世紀、テッセ美術館

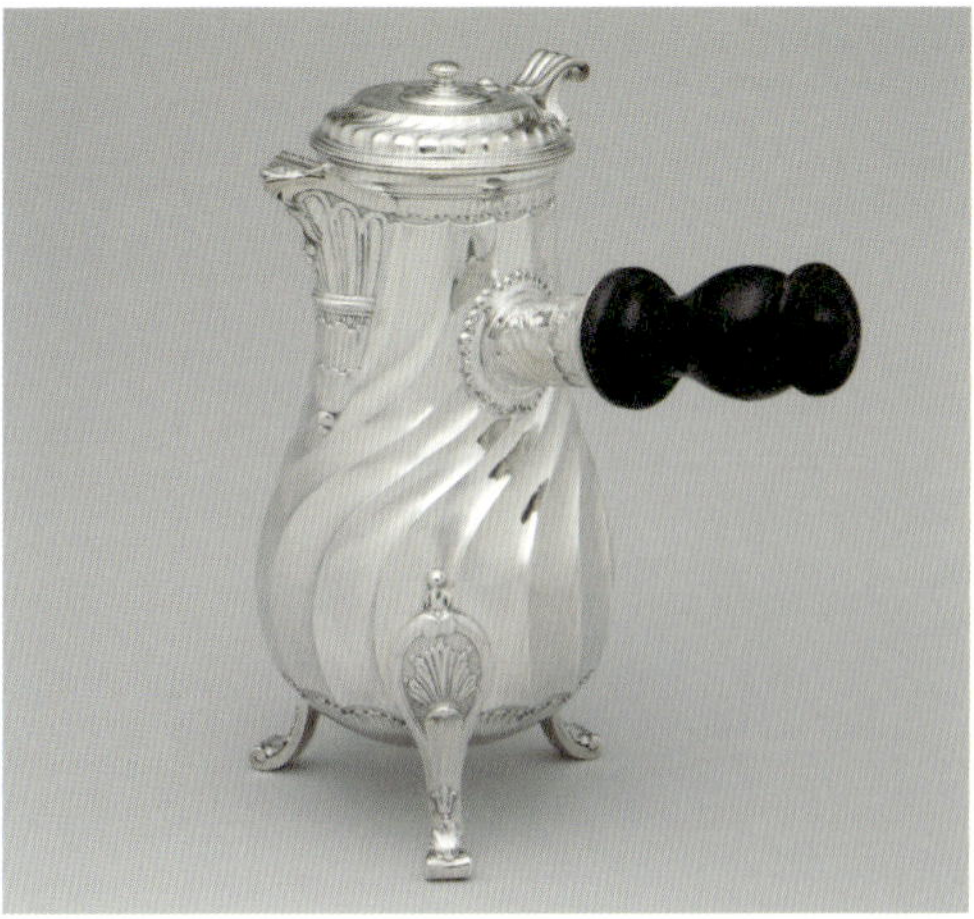

フランソワ・トーマス・ジェルマン、チョコレートポット、1766年、メトロポリタン美術館

ジャン＝エティエンヌ・リオタール《ショコラを運ぶ娘》1744年頃、ドレスデン国立美術館

ピエトロ・ロンギ《朝のチョコレート》1775年頃、カ・レッツォーニコ

ジャン＝バティスト・シャルパンティエ（父）《一杯のショコラ》1768年、ヴェルサイユ宮殿、中央が王妃の親友のランバル公妃

コラの製造販売の許可を出したのであった。こうして、ヴェルサイユ宮殿はその魅力に取り憑かれていったのである。

当時使用されていたショコラ専用の沸かし器は、ショコラティエールと呼ばれ、考案したのはフランス人だとされている。それは、金属のポットに木製の持ち手が取り付けられており、蓋の部分にはモリニーリョの柄を通す穴が開いていた。モリニーリョとは、深い容器に垂直に立て、両手でくるくる回すことによって、ショコラを泡立てる道具である。

大航海時代に先陣を切ったスペインとポルトガルでは、あらゆる階級においてショコラを飲む習慣があったが、その他のヨーロッパの国では、庶民にはまだ手の届かない高級品だった。その風潮は時代が下っても続き、ショコラは貴族階級の飲み物で、中産階級はもっぱらコーヒーを飲んでいた。

一七九〇年に作られたモーツァルトのオペラ「コジ・ファン・トゥッテ」の第一幕には、三十分もショコラを泡立てて、やっとできても一滴も飲めずに主人に渡さなければならないことを嘆いた侍女が登場する。

バッハは、コーヒー・カンタータを作曲したが、ショコラ・カンタータは作らなかった。かたや作家ゲーテは、ショコラ愛好家会を設立したが、これは貴族階級に媚びるためともいわれている。

また、下産階級の視点を持つイギリスの作家、チャールズ・ディケンズは、小説『二都物語』の「パリの大貴族閣下」と題する章で、十八世紀の大貴族の邸でショコラがどのようにふるまわれたかを、中産階級の目線で描いている。邸での閣下と来客との接見には、四人の着飾ったショコラ係が必要だった。一人目は、うやうやしくチョコレート沸かし器を運び込み、二人目がショコラをモリニーニョでかき混ぜて泡立てる。そして三人目がナプキンを差し出し、四人目が注ぐという具合だ。この四人のうち一人でも欠けるようなことがあれば、閣下にとってはこの上もない不名誉なこととなるのである。

話をハプスブルク家に戻すが、女帝夫妻には、ショコラを飲むお気に入りの場所があった。一七五二年に宮廷庭園内に設置された、現存する世界最古の動物園「シェーンブルン動物園」のパヴィリオンだ。ここで夫妻は、珍しい動物たちを観察しながら、バラやジャスミンで香りづけした、またはミルクやシナモン、クリーム、ワインなども加えられたオリジナルショコラを飲んでいたという。

ショコラを飲むための磁器のカップも十八世紀にウィーンで作られた。それは、トランブリューズと呼ばれ、両脇に持ち手があり、足付きのものもある。そんな夫妻のショコラ好きは、やがてヴェルサイユに嫁ぐアントワネットに受け継がれていく。

ところで、どろどろした飲み物だったショコラが、食べ物に変わっていったのはいつだ

ウィーン磁器のトランブリューズカップ、ウィーン磁器製造所、1730年

ショコラのアンサンブル、メトロポリタン美術館、1735年頃。磁器にはショコラ、ガラスの容器には水を入れた。金のホタテ貝を金のスプーン置きにした

ろう。ショコラの歴史に欠かせないのが、オランダのヴァン・ホーテンという人物である。今ではココアの缶でおなじみのメーカーとなっているが、一八二八年、彼は革命的な仕事を成し遂げた。カカオ豆に含まれている脂肪分、カカオバターを取り出すことに成功したのである。これが食べるチョコレートの発明のきっかけになった。脂肪分を除いた後のカカオからは、粉末チョコレートが取り出された。これが現在私たちが飲んでいるココアである。一八四七年、カカオ豆をすりつぶしたペーストにこのココアバターと砂糖を追加し、ショコラを固め、固形チョコレートとしてイギリスのフライ社が売り出した。さらに、スイスのダニエル・ピーターによってミルクチョコレートが作られ、一八七九年にはスイスのロドルフ・リンツが、機械でなめらかな舌触りのショコラを作ることに成功し、食べるショコラを現在の形に近づけた。

ザッハ・トルテ裁判

ショコラといえば、ウィーン発祥の有名なお菓子がある。ザッハ・トルテである。

このお菓子は、一八三二年にわずか十六才だったフランツ・ザッハーによって作られた。当時彼は、オーストリアのメッテルニヒ外相の厨房で見習い職人として働いていたが、メッテルニヒに来客があった際、料理長が不在であったため、急遽彼がお菓子を作ることになり、考案したものだという。ショコラのスポンジにアプリコットジャムを挟み、砂糖とショコラのグラサージュ（上がけ）で覆ったチョコレートケーキである。彼が菓子店を開くと、ザッハ・トルテは大評判となり、息子の代にはホテル・ザッハーを創設するまでに至った。

ところが孫のエドマンド・ザッハーの時代に経営難となり、王室御用達ケーキ店デメルに製造販売許可を与える代わりに、資金援助を依頼した。しかし、デメルのザッハ・トルテも人気となり、さらには秘密だったレシピも出回ったため、ザッハー側は商標使用と販売の差し止めを求めて裁判を起こしたのだ。それは七年も続いたが、結局、どちらの店も製造と販売をしてよいという判決が下った。ザッハーのものは、アプリコットジャムを中に挟んでオリジナルトルテとし、デメルのものはジャムを表面に塗るデメルズ・ザッハーとなる。

当時まだ貴重だった砂糖とショコラをふんだんに使用して作るザッハ・トルテは、大変斬新なお菓子だった。ただ、この時代のショコラは完全に固形になっておらず、グラサージュに使うには、都合が良かったのではないだろうか。残念ながら、ザッハ・トルテはアントワネットの生きた十八世紀には、まだ作られていなかった。甘いものとショコラが大好きだった母テレジアも、もしこのお菓子に出合っていたらぞっこんだったであろう。しかし、当時存在していなかったのは、幸いなことだったかもしれない。砂糖とショコラの消費量は、宮廷の財政をかなり圧迫していたのだから。

カフェ文化の誕生

ウィーンといえばカフェである。伝統的なウィーンのカフェをカフェハウスというが、高い天井にマホガニー調の温かみのあるインテリア、黒のスーツに蝶ネクタイのヘル・オーバーと呼ばれるウエイター、そしてスプーン付きのコップを乗せた銀のトレイなど、ウィーン独特のカフェの雰囲気がある。

国内外の新聞を置かれたコーナーもあり、昔から新聞を読むことを目的に訪れる常連客も多い。新聞を右手で持って読む人が多いため、銀のトレイに乗せるコーヒーは左側に、水のコップは右側に置くのが伝統的なスタイルである。水はアルプスを源泉とする硬水である。また、おしゃべりの邪魔をしないように、ウィーンのカフェでは音楽を流していない。カード遊びやチェスコーナーがあったり、ビリヤード台が置かれていたりするところもある。ウエイターがお客の様子を把握するために、鏡が使われていることが多いのも特徴である。

そもそも、なぜウィーンでカフェが誕生することになったのか。カフェが世界で最初に誕生したのは一五五四年、トルコ（当時はオスマン帝国）のイスタンブールである。一五二九年と一六八三年に、二度にわたってトルコ軍に包囲されたウィーンであったが、二度目には、お互い和平交渉をする方向に向かっていた。そこでトルコ軍の使節団は、コーヒーを持参し、それをウィーンでふるまったのである。その後の一六八五年に、ハプスブルク家によりトルコとの交易を正式に認められたアルメニア商人、ヨハネス・ディオダードが、シュテファン寺院のそばにウィーン最初のカフェをオープンさせた。

ウィーンでカフェが増えていったのは、十八世紀以降のことである。一七〇〇年に皇帝レオポルト一世が、カフェのオーナーたちに、コーヒー、紅茶、ココアを客に出す許可を与えると、一七一四年には十一軒のカフェハウスができた。一七五一年には、テレジアが一つの業種として許可する法律を作ると、カフェの数は徐々に増えていく。一七九〇年には、食事もできるカフェも誕生した。

カフェハウスにもバリエーションがある。「カフェ・エスプレッソ」（Café-Espresso）は、簡略化されたカフェで、ちょっと立ち寄ってコーヒーを飲むところである。また、コンサートや生演奏のあるカフェを「コンツェルト・カフェ」（Konzert-Café）と呼ぶ。お菓子も食べられるカフェは、「カフェ・コンデットライ」（Café-Konditorei）と呼び、ショーケースに並ぶアプフェルシュトゥルーデルや、ザッハ・トルテなどを注文すると、フレッシュなクリームがたっぷり添えられる。

カフェには、文学者、作曲家、ピアニスト、画家たちが集い、ウィーンのカフェ文化発展に一役買っている。テレジアの料理人、フランツ・ヤーンが一七八八年に創業したレストラン「フラウエンフーバー」は、ウィーンで最も古いカフェの一つである。一七八八年にモーツァルトが、一七九七年にはベートーヴェンが演奏した店として知られ、その後カフェへと変わった。

テレジアもコーヒーを飲んだが、ミルクや生クリーム、スパイスを加えたよりコクのあるものを好んだ。オーストリアでは、コーヒーは貴族階級の飲み物だったが、比較的早い段階で庶民にも飲まれるようになった。砂糖と生クリームを入れて飲むのが一般的だったが、そのうちリキュール入りのコーヒーも登場する。というのは、十八世紀半ばにカフェと酒屋が統合することになり、カフェでもアルコールを扱えるようになったからである。リキュール入りコーヒーはちょっとした流行となり、女帝の名を冠する「カフェ・マリア・テレジア」も考案された。これは、モカ・コーヒー、オレンジ・リキュール、砂糖、生クリームという構成である。しかし、ウィーンのカフェで最も飲まれているのは、コーヒーに泡立てたミルクを注ぐ、カフェ・メランジェと呼ばれるウィーンスタイルのカフェ・オレや、私たちがウインナー・コーヒーと呼ぶ、アインシュペナー・コーヒーである。アインシュペナーというのは、「一頭立ての馬車」を意味する。当時馬車を待っている人のコーヒーが冷めないように、コーヒーの表面をクリームで覆った。また、馬車の上でもこぼれなかったため御者たちに重宝がられ、そう呼ばれるようになった。定番のコーヒーは十種類以上ある。

このようなウィーンのカフェ文化は、二〇一一年、ユネスコ無形文化遺産に登録された。現在では伝統的なカフェだけでも一四〇軒、全体では七五〇軒あるという。

recipe

ザッハ・トルテ

Sachertorte

材料と作り方（直径15cmのスポンジ型1台分）

チョコレート生地

バター……50g
チョコレート……60g
卵黄……2.5個分
卵白……2.5個分
グラニュー糖……80g
薄力粉……50g

準備

◆オーブンは180℃に予熱しておく。
◆薄力粉は、ふるっておく。
◆型の底と側面に、ベーキングペーパーを敷いておく。

①ボウルにバター、チョコレートを入れて、湯せんにかけて溶かす。
②①を湯せんからはずして、グラニュー糖の半量を混ぜ、卵黄を混ぜる。
③別のボウルに卵白をほぐし軽く立てたら、残りのグラニュー糖を何回かに分けて混ぜながら、卵白をしっかり立てる。
④立てた卵白を②に混ぜる。
⑤ふるった薄力粉を混ぜる。
⑥180℃のオーブンで30分焼いて、粗熱が取れたら型から出して冷ます。

グラサージュ

チョコレート……87g
水……40cc
グラニュー糖……100g

①鍋に刻んだチョコレートと水を入れ、火にかける。
②チョコレートが溶けたらグラニュー糖を加え、中火で108℃まで煮詰め、火から下ろして、ゆっくりかき混ぜながら、上ができる状態まで温度を下げる。

仕上げ

アプリコットジャム……100g

①チョコレート生地を2枚に切り、1枚目にアプリコットジャムを塗り、上に2枚目を重ねる。
②グラサージュで全体を覆う。

砂糖菓子装飾から白色磁器へ

十八世紀、様々な砂糖菓子で飾り立てられていたテレジアの晩餐会の食卓だったが、あまりにも砂糖の購入で出費がかさんだために、代替品として登場したものがある。磁器のセンターピースや花である。それらは今、ホーフブルク旧王宮の宮廷銀器コレクションで見学できる。装飾磁器をはじめ、金銀食器、厨房で使用していた銅鍋や調理道具、銅の菓子型、菓子道具、そして旅行用の食卓セットや使いこんだリネンなど、ハプスブルク家の栄華が集結している。

様々なデザインのケーキ型があるのも興味深い。招待客に合わせて、形や大きさの異なるガトー・ド・サヴォワなどを作っていたのだろうか。今でも限られた人にしか伝えられていない複雑な折り方のナプキンからは、当時宮廷に出入りしていた人々の優雅な所作が伝わる。

これら十五世紀から調えられた宮廷銀器コレクションには、ハプスブルク家が終焉する一九一八年までの食卓と料理、菓子の歴史が全て詰まっているといっても過言ではない。なかでも、ハプスブルク家とフランス・ブルボン家の関わりを物語るセーヴル焼き、「グリーンの食器セット」には興味深い話が残っている。

マルティン・ファン・マイテンス《パルマのイザベラ姫と皇帝ヨーゼフ2世の結婚式のための宴の晩餐会(部分)》1760年頃、シェーンブルン宮殿

七年間子宝に恵まれなかったルイ十六世に、王妃アントワネットの兄のヨーゼフ二世が、わざわざヴェルサイユ宮殿を訪れて、包茎手術を勧めたのである。しぶしぶ従ったルイ十六世だったが、その結果、嫡男を含む四人の子どもが生まれた。ルイ十六世の祖父のルイ十五世は喜び、テレジアにお礼として贈ったのがそのグリーンの食器セットである。その数は五〇〇〇点を超えた。

カオリンと呼ばれる粘土質の土から作られる磁器が中国からヨーロッパにもたらされたのは、十三世紀といわれている。それまでヨーロッパの焼き物といえば陶器だけだった。白色磁器に強いあこがれを持っていたヨーロッパ人だが、それを最初に商品化したのが、ドイツのザクセン公国、アウグスト一世である。彼はヨハン・フリードリッヒ・ベトガーという錬金術師に命じ、白色磁器を開発させた。開発過程が外国に持ち出されないように幽閉生活まで強いていたという。その結果ベトガーは精神を病み、残念なことに三十七歳でこの世を去ったのである。オーストリアもそれに続こうと、宮廷人をマイセンに送り込んだ。マイセン工房の職人を二人連れてこさせ、一七一八年に、現在に続くオーストリア屈指の磁器ブランド、アウガルテンの元となるウィーン磁器工房を設立した。その後工房の経営は傾くが、テレジアによって買い上げられ、王室の紋章が刻印された王室直属の工房となった。花柄がモチーフで今でも人気の「マリア・テレジア」シリーズは、このとき女帝に敬意を示して作られた。当時の流行だった狩猟のシンボル、もみの木の色だけで彩色したシンプルな食器である。これらは狩猟の館であったアウガルテン宮殿にディナーセットとして贈られた。現在アウガルテン工房は、この宮殿内に設置されている。

銀のカトラリーの出現

ナイフはかつて狩猟で使われていた時代から引き継がれ、ヨーロッパの食卓でも使われていた。当時の人々は、ナイフに食べ物を突き刺してそのまま食べていたのである。フォークが登場したのは十六世紀といわれている。十一世紀に東ローマ帝国からベネチアに伝わったフォークは、パスタを食べるためにイタリアで使われ、その後、メディチ家のカトリーヌ・ド・メディシスが輿入れする際にフランスにもたらした。とはいえ、フォークは物を突き刺すという武器のイメージがあったことで長らく敬遠され、宮廷で使われるようになったのは、十八世紀初頭である。それまでは宮廷でも、フォークを使わず手づかみ、あるいはスプーンを使いまわして食事をしていたのである。

オーストリアでは、テレジアの時代にはすでにフォークも使用されており、数百人規模の晩餐会やセレモニーなどのために、大量の銀食器を買いそろえている。その後は、金食器も購入した。その扱いもさぞ大変だったと想像されるが、女帝夫妻には、使用する金銀食器を管理する「ソムリエ」と呼ばれる責任者がいたのである。ここでのソムリエは、ワインの仕事とは関係ない。彼らは夫妻の旅先にも食器を運び、磨くと同時に毒が付着していないかをチェックする。しかし十九世紀初頭にナポレオン戦争が勃発すると、武器製造のため、手持ちの銀器で鋳銭《ちゅうせん》せざるを得ない状況となった。食器はどんどん減り、新たに買いそろえることもできず、ハプスブルク家の行く末を示唆する結果となった。

その後、テレジア時代の食器やカトラリーを含めた宮廷の食文化の発展は、ブルジョワ層に影響を及ぼすこととなった。カフェハウスでも銀のトレイが使用されるようになったのは、そうした背景があってのことではないだろうか。

第二章　宮廷と修道院のお菓子

壮大な結婚準備

ルイ十六世の父親は、ルイ十五世の長男、ルイ・フェルディナン王太子であった。一七六五年に逝去し、息子二人も亡くなったため、三男であったベリー公（Duc de Berry、のちのルイ十六世）が将来の王となることになった。その花嫁候補にあげられたのが、ハプスブルク家のアントワネットである。母のテレジアの強い押しがあり、年齢的にも釣り合い、ハプスブルク家の皇女の中でも美しい顔立ちをしていたからである。しかしルイ十五世は、正式な返事をしぶっていた。

長年、フランス・ブルボン家は、オーストリア・ハプスブルク家とヨーロッパの覇権を争ってきたが、一七五六年に共にプロセインとイギリスに対抗しようと同盟を結んだ。その同盟がオーストリア側に有利だったため、結婚にヴェルサイユ宮廷の反対の声があったからである。しかし、すでに教育係としてハプスブルク家に派遣されていたヴェルモン神父が寄せるアントワネットの報告文は、ルイ十五世の心を動かした。「愛らしい顔立ち、この上ない優雅な物腰、つやのある白い肌。これ以上、魅力的で人を惹きつける女性を見つけることができるだろうか？　フランス国民とヴェルサイユ宮廷に多くの喜びをもたらす姫であろう」というものである。

その上、一七七〇年二月七日にアントワネットに初潮がやってきたと聞いた王は、おおいに喜んだ。もっともヴェルモン神父が、実際に机に向かうアントワネットを間近に見て、次のような見方をしていたのは王の耳にも入っていた。陽気で頭が悪くはないが、集中力がなく、一つの問題にとりくむ根気がない。こういった要素は、王妃となってからの彼女の運命を左右するものとして見逃せない事実であった。

この婚姻は、アントワネットの二人の姉の結婚、つまり、アラゴン家出身のナポリ王フェルディナンド四世へのマリーア・カロリーナの輿入れ、ブルボン＝パルマ家のフェルディナンドとマリア・アマーリアの結婚に次ぐ、ハプスブルク家皇女たちの最後を飾るフランス・ブルボン家との結婚でもあった。

一方、ベリー公のほうだが、アントワネットの肖像画を送られてきても、ときめきもしなければ、特別な関心も寄せない。この王子は感受性に乏しく、女性に興味を示すことはなかった。内気で自分から判断を下すことが苦手であり、容姿も今一つで感情を表に出すこともない。しかしその裏には、おおいなる知性と教養が隠されていた。彼は、幼少期から高度な教養を授けられていた。

さて、いざ結婚となると、両家にとっては天地がひっくり返るくらいの大変な準備を要した。ヴェルサイユとウィーンを行き来する書簡が飛び交い、側近たちは両家の体面を傷

アントワーヌ＝フランソワ・カレ《壮大な王室の衣装をまとったルイ16世》1778年頃、ヴェルサイユ宮殿

つけないよう、式典への招待状の書式やら人数やら引き出物、フランスに輿入れるための持参金の金額から付き添う人物、人数、そして馬車の種類まで協議してもしきれないほどであった。婚礼の道中、アントワネットは、オーストリア側が用意する付添人たちに別れを告げ、フランス側が用意する付添人を連れて宮廷入りをする。オーストリア側の付添人は、女官、近衛兵、美容師、司祭、医者、秘書、そして洗濯女などであった。

ルイ十五世は未来の女王のために、この上なく豪華な二台の馬車を用意した。木製で、内部には鏡とビロードを贅沢に使い、王冠型の屋根を備えた、まさに絵本から飛び出てきそうな馬車だった。

正式な結婚の申し込みの後、アントワネットがオーストリアにおける権利を放棄する儀式や、軍隊のパレードなどから始まり、兄ヨーゼフ二世によるベルヴェデーレ宮殿での大晩餐会が催された。招待客は、二千人とも三千人ともいわれている。晩餐会の後は、六千人ほどの人たちが仮面をかぶり、ドミノ（フード付きの黒いマント）をまとう仮装パーティーが開かれ、花火が高々と打ち上げられた。

翌日は、ヴェルサイユから派遣されたディルフォール公爵が、リヒテンシュタイン宮で一万五千人を招いて答礼の晩餐会を催した。

代理結婚式と晩餐会

ウィーンでの結婚行事の締めくくりは、一七七〇年四月十九日に行われた代理結婚式だ。当時は二国間の結婚の場合、一つの国の王族がもう一国の結婚式に行くことはできなかった。自国で代理を立てて一度結婚式を行い、国内外に結婚を知らしめるために親族や、周囲の人々を招く代理結婚式が行われていた。その式は、母のテレジアがフランツ一世と結婚式をしたアウグスティーナ教会で行った。兄のフェルディナント大公が新郎の代理となり、二人は祭壇の前にひざまずき、司祭の言葉にかわるがわる答え、指輪が祝別された。

ベルヴェデーレ宮殿の大晩餐会には、テーブルにのりきらないほどの料理が一度に供された。この料理の出し方はフランス式といって、テレジアがフランス出身の夫、フランツ一世を迎えたおかげで、ハプスブルク家に伝えられた方式である。これは、現在のように一皿一皿順に料理を出すロシア式と異なり、一つのコースで、様々な種類の料理が同時に食卓の上に供される。そこから各自で、あるいは係の者が取り分けたものを食べた。フランス式サービスは、料理が冷めてしまうし、自分から遠い場所に置かれた料理は取りづらいが、気に入った料理は心置きなく食べられる利点もある。

このようなハプスブルク家の公式晩餐会には、スタベル・マイスターと呼ばれる責任者がいた。その下に、献酌係、料理長、肉切り係、そして食卓係が続く。晩餐会の始めには、手洗いの儀式が行われ、祈りが捧げられた後、音楽演奏がなされる。

　食卓には、ハプスブルク家の晩餐会には欠かさず出されていたオリオ・スープは間違いなく並べられただろう。このスープは、十六回も出産・妊娠を繰り返し、他国と戦ってきたテレジアの元気の源といわれている。仔牛、栗、ウサギ、ヤマウズラ、野鴨、レンズ豆、野菜などを長時間煮込んで柔らかくしてから裏ごしし、さらに牛肉と根菜類、鶏肉、羊のもも肉を加えてさらに長時間煮込み、最後は漉《こ》して澄まして仕上げる。調理中は、脂肪分を根気よく取り除き、まめにアクも取らなければならない。素材の種類と調理時間を見る限りでは、気が遠くなるようなスープである。それが一日に七、八回食されていた。

　元々はスペインの一般家庭で作られていたシンプルなスープで、ヨーロッパ宮廷に伝えられてから、複雑で贅沢なものになった。スペイン宮廷からフランスのルイ十三世に嫁いだアンヌ・ドートリッシュや、ルイ十四世に嫁いだマリー・テレーズも、このスープをフランス宮廷に伝えている。

　この日の晩餐会のコースは、スープ類二万杯、ハム一〇〇本やソーセージ一〇〇本、やましぎや七面鳥、仔牛のもも肉などのパイそれぞれ四十台、そして蓋付きの楕円形の型に入っているテリーヌと呼ばれる料理で始まる。その後、鶏肉二五〇羽や仔豚八頭などの肉

マルティン・ファン・マイテンス《ヨーゼフ2世の戴冠式の宴会》1764年頃、シェーンブルン宮殿

料理や、野菜のアントレと呼ばれていた料理が三十種類以上、その後はローストした十種類の肉（これもそれぞれ一二〇羽や一〇〇頭など）と二十種類のアントルメという構成である。

アントルメ（entremets）とはフランス語で現在は甘い食べ物を指すが、かつては食事と食事の間に行われた余興や見せ物を呼んだ。それが転じてこの時代には、料理と料理の間に出す軽い食べ物の意味になっていた（entreは「間に」、metsは「料理」を指す）。主にオムレツや野菜料理、パテや、肉や魚をそれらのゼラチンで固めたアスピックなどである。料理は三十一種類供された。しかし驚くべきは、その量である。料理のほかには、飲み物が三十種類、ワインが十二種類ほど、ワインは一銘柄につき平均千本との記録である。

ハプスブルク家の晩餐会メニューの特徴としては、自国に伝わる料理以外に、ブルゴーニュ風、プロヴァンス風などフランス料理の要素、そして、鯉《こい》料理などの神聖ローマ帝国としてのメニュー、またパスタを使ったイタリア料理など、ハプスブルク家に関係する国々の料理が混ざっていたことだ。

料理のお皿を片付け、テーブルをきれいに整えたら、最後はデザートとなる。

デザートとはフランス語でデセルヴィール（desservir）、つまり食卓を片付ける、という動詞から派生した言葉で、元々は食事で余ったものをデザートと呼んでおり、晩餐会に出席できなかった宮廷人や、配膳部の官僚に分け与えられていた。デザートという言葉が甘い食べ物を指すようになったのは、十八世紀以降だといわれている。

さて食後の甘いものだが、この日は一〇〇種類以上が並んだ。砂糖菓子に目がなかったテレジアの好みもあってか、レモンの皮やオレンジの皮の砂糖漬け、ドラジェなどもある。その他チーズを使ったお菓子や、焼き菓子なども出され、クロワッサンやブリオッシュなども並べられた。この時点ですでにオーストリアでは、ヴィエノワズリー（甘いパン）は作られていたのだ。

ガトー・ド・サヴォワの誕生

ハプスブルク家の晩餐会に欠かせなかったデザートの筆頭にあげられるのが、ガトー・ド・サヴォワである。現在もホーフブルク旧王宮の宮廷銀器コレクションに陳列されている、美しく磨かれた凹凸が見事なガトー・ド・サヴォワ型を見れば、このお菓子がどんなに重用され、ハプスブルク家の威厳を示してきたかがわかる。

ガトー・ド・サヴォワは、小麦粉、卵、砂糖などで構成される軽いスポンジ生地のお菓子である。このお菓子の発祥地のサヴォワは現在、アルプスのモンブランを望むフランスの美しい地方であるが、かつては北イタリアのサヴォワ伯爵領であった。一四一六年に、伯爵が神聖ローマ皇帝から公爵の位を与えられてサヴォワ公国となる。十八世紀初頭のスペイン継承戦争の際にシチリアを手に入れるが、一七二〇年、ハプスブルク家との間で、シチリア島とサルデーニャ島を交換し、サヴォワ公はサルデーニャ王国も治めることになる。その後十八世紀末のフランス革命戦争でフランスに敗れたため、最終的にはフランスに併合された。

このサヴォワ出身で、オーストリアで華々しい活躍を遂げた人物がいる。オイゲン公（一六六三―一七三六）と呼ばれる将軍である。フランス生まれの貴族で、サヴォワ公の男系子孫にあたることから、公子（プリンツ）の称号を持つ。元々はルイ十四世に仕えていたが、宮廷で冷遇され、十九歳のときに故郷を捨ててハプスブルク家に起用された。フランスから国境を超える際は女装した話も残っている。十五万のオスマン・トルコ軍を相手にその半分の軍勢で勝利に導くなど、オーストリアではウィーンの救い神と称されるこの将軍に、ハプスブルク家は、夏の離宮ベルヴェデーレ宮殿を贈った。オイゲン公は、この宮殿で故郷のガトー・ド・サヴォワを伝授したのではないだろうか。

では、このガトー・ド・サヴォワはどのように誕生したのか。

十四世紀、当時サヴォワを治めていた伯爵、アメデ六世は大変な美食家であった。ある日、自らの宗主である神聖ローマ皇帝、カール四世をシャンベリーの城に招くことになった。かねて公爵という上の爵位を欲しがっていたアメデ六世は、その晩餐会を一つのチャンスとしてとらえ、お抱え菓子職人に自身のお城を模した菓子を作るように命じる。その菓子をもって、自らの威厳を示そうとしたのである。その華麗かつ軽い食感の菓子に皇帝は感動したが、残念ながらアメデ六世自身は公爵にはなれず、十五世紀初頭、孫のアメデ八世の代に公爵の位を与えられたという。

現在、オーストリアでガトー・ド・サヴォワを見ることはできないが、フランスのサヴォワ地方で脈々と伝えられている。お城の形をしたお菓子という伝説の通り、高さのある凹凸があるが、町や作り手によってその型もバリエーションがある。地元の職人によると、昔は人々の行き来が山で遮られ、型まで伝えられず、それぞれがイメージする形で作られるようになったそうだ。

recipe

ガトー・ド・サヴォワ

Gâteau de Savoie

材料と作り方（直径13cmの型1台分）

卵黄……2個分
グラニュー糖……70g
薄力粉……25g
コーンスターチ……25g
卵白……2個分
レモンの皮（すりおろし）……1個分

●準備

◆オーブンは180℃に予熱しておく。
◆薄力粉とコーンスターチは合わせてふるう。
◆型の内側にバターを塗り、強力粉をはたく（いずれも分量外）。

①ボウルに卵白をほぐし、軽く立てたらグラニュー糖を何回かに分けて加えながら、しっかり泡立てる。
②卵黄を加えて軽く混ぜ、レモンの皮も加える。
③ふるった粉類を加え、泡をつぶさないように混ぜる。
④型に流して、180℃のオーブンで25分焼く。
◆18世紀のレシピは小麦粉のみ使用。「オレンジの花の水」が加えられている。

カーニバルの揚げ菓子、クラプフェン

ウィーンの宮廷晩餐会の終盤に行われる舞踏会の後には、必ずクラプフェンと呼ばれる揚げ菓子が供されていた。見た目はボリュームがあるが、食べると軽く、踊った後の小腹を満たすにはぴったりのお菓子だ。ベルヴェデーレ宮殿で行われた舞踏会でも、銀のお盆に高く積み上げられたこの揚げ菓子が人目を引いたことだろう。クラプフェンは、復活祭の前に行われるカーニバル（謝肉祭）に食べる定番のお菓子であったが、テレジアはカーニバルに食べることは好まず、こうした晩餐会の折に作らせていた。

揚げ菓子は昔、サラセン人（アラブ人）がヨーロッパに伝えたとされ、中世から作られていた。当初は花などを揚げていたのである。

フランスに伝わるカーニバルのお菓子は三種類ある。揚げ菓子、ワッフル、クレープである。この三種類には共通点がある。それはオーブンを使わなくても作れることだ。そもそも、カーニバルとは何か。それはキリスト教のお祝いの一つ、復活祭と関係がある。

ベツレヘムで生まれ、ナザレで育ったイエス・キリストは、やがて後に使徒と呼ばれる弟子たちを伴い、各地を回って自らの教えを広げ信者を増やしていったが、イエスに反感を抱いたユダヤ教徒によって十字架にかけられ、死刑になってしまう。しかし三日後、天

エティエンヌ・ジョーラ《パリの街路のカーニバル》1757年、カルナヴァレ美術館

使に導かれたイエスは復活し、弟子たちの前に現れる。

　復活祭は、このキリストの復活を祝うお祭りである。「春分の日の後の、最初の満月の次に来る日曜日」と定められ、三月から四月にかけて催される。そして、この復活祭には、カーニバルと断食といった一連の行事が伴うこともある。

　復活祭の前には、日曜日を除く四十日間の断食が行われる。断食は、キリストが悪魔の誘惑を避けながら四十日間荒野をさまよい、その間何も飲まず食べなかったという聖書の記述に基づいたものであり、キリスト教徒に求められる最も基本的なものとされている。

　カーニバルは、ラテン語でcarne（肉を）levare（取り上げる）という言葉から由来しており、肉を断つことを表す。パレードが行われる華やかなお祭りをイメージする言葉だが、元々はキリスト教の行事の一つであり、断食の前に飲んで食べて騒ぐお祭りだった。揚げ菓子やワッフル、クレープは、焚火に柄の長いフライパンや型をかざして作れるため、カーニバルでは定番のお菓子である。今でもその時期になると、フランスでは揚げ菓子やクレープを店頭に並べる菓子屋もある。

　クレープは、オーストリアにもパラチンケンという名前で伝わっている。古代人が最初に調理して食べた麦粥の流れを汲むものである。一万年以上前に農耕が始まり、人々は穀物を石の上で挽き、煮て食べていた。それをそのまま発酵させたものはパンになり、水分を除いたものを薄くのばして焼いたのがクレープの祖先となった。オーストリアのクレープであるパラチンケンは、ジャムなどを生地で巻いて供する。

recipe

クラプフェン

Krapfen

材料と作り方（約6～8個分）

強力粉	120g
薄力粉	60g
グラニュー糖	15g
塩	ひとつまみ
インスタントドライイースト	3g
全卵	25g
牛乳	80g
溶かしバター	45g
バニラエッセンス	少々

●準備

◆強力粉と薄力粉は合わせてふるう。

①台にふるっておいた粉類を広げ、塩を散らし、フォンテーヌ（中央をくぼませた山形）を作る。
②中央に残りの材料を置いて混ぜ、周囲の粉を崩しながらさらに混ぜ合わせて、少しこねる。
③ボウルに移してラップをし、30分ほど置く。
④40～50gずつにカットし、丸めて少しつぶす。
⑤陽のあたる窓辺などの暖かい場所で1.5倍くらいのボリュームになるまで発酵させる。

●仕上げ

①180℃のオイル（分量外）で揚げる。
②底に穴を開け、アプリコットジャムを詰め、粉糖をふりかける（いずれも分量外）。

recipe

パラチンケン

Palatschinken

材料と作り方（直径16cm × 12枚分）

ガルニチュール

イチゴ（ジャム用）……2パック
グラニュー糖……イチゴの重量の1/2

①ジャムを作る。イチゴにきび砂糖をまぶして半日置き、鍋に入れてイチゴの形が崩れないように煮る。

生地

全卵……2個
卵黄……1個分
グラニュー糖……20g
塩……ひとつまみ
薄力粉……125g
牛乳……300cc
溶かしバター……30g

①全卵、卵黄、グラニュー糖、塩を混ぜる。
②ふるった薄力粉を混ぜる。混ぜにくい場合は、途中で牛乳を入れる。
③牛乳を全て混ぜたら、溶かしバターを混ぜて15分ほど休ませる。
④クレープパンを熱し、バター（分量外）を塗って生地を焼く。

仕上げ

イチゴ（巻き込み用）……1パック

①生地にイチゴジャムを塗り、イチゴをカットして並べて巻き、粉糖をかける。
◆ジャムは市販のものでも良い。

修道院のお菓子、ロリケット

アントワネットのフランスへの出発は、代理結婚式の二日後、四月二十一日と決められていた。母のテレジアは娘の出発前の二か月間、別れの辛さを和らげるため、自分の部屋で一緒に過ごし、神のご加護を得るために、ウィーンの南に位置するオーストリア最大の巡礼地のマリアツェルの教会にも連れていった。

テレジアは、出発までとにかく手紙を書き続けた。まずはルイ十五世に宛て、「父親として娘を守り、導いてください。まだ幼さが残っているので、優しく寛容に見てあげてください」「私たちの国家と家の間にしっかりと存在する、最も愛すべき保証のような存在として、あの娘をよろしくお願いします」、と。

そして娘には毎月読み返すようにと、詳細な覚書を持たせた。母が強調したのは、まず宗教の義務を守ること。どんな議論にも加担せずにいること、つまり国の問題に口を出すなと教えている。読む本を選ぶときは、信仰や風紀の面で有害なものもあるため、聴罪司祭に相談するようにと促した。

永遠の別れとなる旅立ちは、母娘にとって辛いものだった。贈られた馬車は二台。一台目には、四季の模様が描かれた深紅のビロードが張られており、二台目は青のビロードで、羽目板には土、水、火、空気と四種類の世の中に不可欠な自然の力が描かれていた。

付き人は一三二名。女官、侍女、美容師、秘書、衣装係、医者、小姓、補給係、司祭、薬剤師、従僕、料理人、そして警備隊などである。馬車は五十七台に及んだ。そして、日に四、五回替える馬の数は、およそ二千頭に上る。それもヴェルサイユまでではなく、途中のストラスブールまでであった。

一日の移動時間は九時間だ。最初に休息したのは、ドナウ川近くにあるベネディクト派のメルク修道院であった。そこには、兄ヨーゼフ二世が待っており、アントワネットは安堵の気持ちを隠せなかった。その上兄は、必ずヴェルサイユを訪れると約束した。

一行はその後、ニンフェンブルクを経て、ミュンヘン近郊、アウクスブルク、ドナウエッシンゲン、フライブルクなど十三の町で馬を替えながら進んでいった。その都度幼いフィアンセは、人々の大歓声とともに歓迎された。

そのうち二日間滞在したギュンツブルクでは、ルミルモン女子修道院長である叔母のアンヌ・シャルロットに迎え入れられた。

ルミルモンは、フランス・ロレーヌ地方のヴォージュ県にある町で、元々はフランク王国の王の別荘が建てられたことから発展した町である。モーゼル渓谷とモゼロット渓谷において、南ロレーヌの経済的拠点となっている。

ルミルモン女子修道院は、九一〇年、神聖ローマ帝国の皇女が院長として設立した修道院であるが、敷地の形を模したお菓子がこの土地に伝えられている。ロリケットと呼ばれる焼き菓子だ。アーモンドと卵白と蜂蜜を使ったほかにはない優しい食感のお菓子で、手裏剣のような形が特徴的である。叔母は自分の修道院で作られたこのお菓子を持参し、アントワネットの旅の疲れを癒すと同時に、未来に向かう元気を与えただろう。

recipe

ロリケット

Loriquette

材料と作り方
（長さ8cmのロリケット型約10個分、または直径7cmのアルミの菊型約10個分）

卵白	44g
グラニュー糖	90g
蜂蜜	7g
アーモンドパウダー	100g
コーンスターチ	17g
卵白	86g

●準備

◆型にバターを塗り、グラニュー糖をまぶしておく。
◆粉類はふるっておく。

①卵白44gをほぐし、グラニュー糖2分の1、蜂蜜、ふるった粉類を混ぜる。
②卵白86gと、残りのグラニュー糖でメレンゲを立てる。
③①の生地にメレンゲの一部を混ぜて、生地をなめらかにして、残りの卵白を2回くらいに分けて混ぜる。
④③の生地を型に詰め、180℃のオーブンで17分焼く。

◆好みでアーモンドスライス（分量外）を上に散らす。
◆風味にコクを出したい場合は、プラリネペースト13gを蜂蜜と一緒に混ぜるとよい。

二つの部屋

ルミルモンを発った一行はフライブルグに滞在し、五月六日、今回の旅の最後の宿泊地であるショッテン修道院に到着する。ここで待ち構えていたのは、ルイ十五世の命により、ストラスブールより派遣されたメルシー伯爵とノアイユ伯爵である。

翌五月七日には重大な儀式が待っていた。アントワネットがフランス王太子妃になる引き渡しのセレモニーである。場所は、フランスとドイツの間を流れるライン川の無人の島、エビ島である。ここに二つの部屋を伴う木造の建物を設けた。

アントワネットはまず、東のオーストリア側の部屋に入り、旅の間着ていた服を儀式用の豪華なドレスに着替えた。そして、今まで一緒に旅をしてきたオーストリアの人々に別れを告げた。

西のフランス側の部屋に行く前には、広間で立ち止まる。そこには、国境を表す深紅のテーブルがあり、その上でノアイユ伯爵により公文書が読み上げられる。お付きの女官たちも下がらなければならない。アントワネットが西のフランス側の部屋に入っていくと、筆頭女官のノアイユ伯爵夫人のほか、ルイ十五世妃マリー・レクザンスカに仕えていた女官が数名待ち構えている。全てを脱ぎ捨て、フランス製の下着、ストッキング、ドレスを

シャルル＝アンドレ・ヴァン・ロー《フランス王妃、マリー・レクザンスカ》1747年、ヴェルサイユ宮殿

身にまとった。こうしてオーストリア皇女から、フランス王太子妃と呼ばれるようになったアントワネットは、背後にかけられていたタペストリーのモチーフが、彼女のこれから起こる運命を暗示していたことなど、知るよしもなかった。

この建物の大広間の壁には、のちの首飾り事件でその名が再度浮上する、大司教のロアン枢機卿が提供したタペストリーが掲げられていた。そこに描かれていたのは、およそ結婚の祝いの席にはふさわしいとはいえない、ギリシャ神話の呪われた婚礼の絵であった。魔女と呼ばれたメディアはイアソンと暮らしていたが、イアソンが王の娘婿になることになり、メディアは嫉妬に狂って、王と王女を殺害する。そしてイアソンと自分の間にできた子どもたちの喉を切り裂き復讐するという話である。それを見た若き日のゲーテは怒りを露わにしたという。

ここで問題なのは、お付きの女官たちの年齢だ。マリー・レクザンスカに仕えていたとしたら、アントワネットとはかなりの年齢差である。このこともののちの宮廷生活で、良きも悪しきも影響を及ぼすことになった。

大歓迎の中でふるまわれたお菓子

さて、オーストリアに、そして少女時代に別れを告げたアントワネットは、フランス王太子妃として初めてフランスの地を踏む。最初にたどり着いたのは、ドイツと国境を接するアルザス地方のストラスブールである。

未来の王妃がやってくる！　ストラスブールの人々にとっては、一生に一度、いや百年に一度あるかないかの出来事だ。凱旋門が建てられ、ワインがふるまわれた。アルザス伝統の衣装をまとった子どもたちが花を持ち寄って祝福し、村々から集まった大人たちは、熱狂的なまなざしで白い肌の美しい少女に見入る。彼女が馬車から顔を出して、少し微笑みかけようものなら、大興奮のありさまだった。王太子と王太子妃のイニシャルが浮かび上がる花火が高々と打ち上げられ、このときばかりは、パンやお菓子も貧しい人にふるまわれた。

この地で休息したアントワネットは、あのお菓子を口にしたであろう。そう、クグロフだ。独特な凹凸のある型で作る発酵菓子である。

クグロフの発祥

フランス人にいわせれば、クグロフはアルザス地方が発祥であり、生まれた村はリボーヴィレということになっている。リボーヴィレでは、毎年六月にクグロフ祭が行われていた。アルザスでは十六世紀には作られており、現在のような型が見つかったのは十八世紀といわれている。

アルザス人が語り継ぐ話は、以下である。

昔、アルザスのリボーヴィレ村に住む陶器職人がキリストの誕生を祝うため、東方からベツレヘムへ向かう三人の聖人を自分の家に泊めた。すると聖人たちは、職人が作った珍しい型でお菓子を作ってお礼としたという。

クグロフは、しばしば「Kougelhopf」（クーゲルホフ）というドイツ語で呼ばれ、「クーゲル」は「丸い形」、「ホフ」は「ビール酵母」を表す。アルザスでは、特産のビールの酵母で発酵させていたらしい。また、クグロフのドイツ語のもう一つの呼び方「Gugelhupf」（グーゲル・フプフ）のGugelには「僧侶の帽子」という意味があり、僧侶の帽子をかたどったともいわれる。クグロフの型は、アルザスのスフレンハイムという町のいくつかのアトリエで伝統的に製造されている。陶器の型は、生地をふんわり優しい食感に仕上げるために欠かせない。

クグロフはアントワネットの父親の出身地、ロレーヌ地方でも食べられていたという。ロートリンゲンと呼ばれていたその地は、フランスに譲渡された後、ロレーヌ公国となり、マリー・レクザンスカの父親、スタニスワフ・レシチニスキ公（一六七七—一七六六）が治めていた。彼は元ポーランド王であったが、争いに敗れフランスに亡命してきたのである。

公は大変グルメで、お抱え菓子職人であったストレールに、多くのお菓子を考案させている。その一つにアリ・ババというお菓子がある。これはクグロフを元に作られたお菓子とされている。

ある日、公が硬くなったクグロフにお酒をかけて食べてみた。それが大変美味しく気に入ったので、ストレールはそこからアイデアを得て、今のババやサヴァランの前身、アリ・ババを創った。アリ・ババという名前は、公が愛読していた『千夜一夜物語』の主人公の一人から来ている。

その後ストレールは、マリー・レクザンスカに気に入られ、彼女のパティシエとなり、ヴェルサイユでもお菓子を作った。宮廷でも彼は、クグロフを伝えていたことであろう。クグロフは、アントワネットがオーストリアからフランスに持ち込んだと語られているが、この話を聞く限りでは、クグロフはそれ以前にフランスに存在していたことになる。ロートリンゲン出身のテレジアの夫、フランツ一世の菓子職人が、フランスからオーストリア宮廷に伝えたことも考えられる。

また、公が食べたのはクグロフではなく、祖国のバブカというお菓子だったという説もある。伝統的なバブカはクグロフに似ている。名前や見た目こそ異なるが、当時は神聖ローマ帝国という複合国家の中で、人々の行き来によってクグロフらしきレシピが伝わり、とところどころで同じようなお菓子が作られていったのではないだろうか。というのは、青銅製のクグロフ型がオーストリア、フランス、ハンガリーで発掘されているからである。

もしそうであったらアントワネットは、実家でも食べていたクグロフを、フランス入りのこの日に口にできて、涙が出るほど嬉しかったことだろう。フランスで再会したクグロフを、フランス宮廷で作らせていてもおかしくはない。すでに宮廷では、ストレールがマリー・レクザンスカに作っていたかもしれないのだ。何においても注目されたアントワネットが好んだお菓子、ということであれば、たちまち世の中に印象づけられることになり、クグロフがアントワネットを想起させるようになったと思われる。

現在オーストリアで作られているクグロフは、発酵生地ではなく、バターケーキのものが主流である。それはグーゲル・フプフと呼ばれ、十九世紀にはいくつかのバリエーションが生まれた。スパイス風味のものは「ゲヴィルツ・フプフ」、ココア生地とスポンジ生地のマーブル模様のものは、「マルモア・グーゲル・フプフ」、アーモンド入りは「マンデル・グーゲル・フプフ」である。一八一四年には、フランツ一世に捧げられた、ハプスブルク皇帝の名を冠する「カイザー・グーゲル・フプフ」が、ハプスブルク家で考案された。それは、ショコラとくるみを混ぜたリッチなクグロフである。

ちなみにストレールは宮廷に務めた後、自身の店をパリに構えている。その店はパリで最も古いパティスリーの一つとして、現在も営業を続けている。スペシャリテは、もちろんアリ・ババであり、アリ・ババからヒントを得て作ったババ・オ・ラムである。

recipe

クグロフ
Kouglof

材料と作り方
（直径18cmの陶製クグロフ型1台分）

ブリオッシュ生地

強力粉	250g
塩	4g
インスタントドライイースト	5g
グラニュー糖	40g
全卵	3個
牛乳	15cc
バター	130g

準備

◆オーブンは180℃に予熱しておく。
◆バターは常温にしておく。

①台などの上に強力粉をリング状に広げ、中央にドライイースト、グラニュー糖、塩、全卵を入れる。
②カードなどで内側から徐々に山を崩しながらこねていく。水分が足りなければ牛乳を足す。
③ある程度まとまったら、台に叩き付けるように5分ほどこねる。表面がすべすべした状態になったら、生地を平たくして上面にバターの3分の1をのばす。縦横からバターを包み込むように生地を折り込む。再びバターをなじませるように生地をこねる。
④③を繰り返して残りのバターを練り込んでいく。
⑤表面が再びすべすべした状態になったら生地を丸くまとめてボウルに入れ、ラップなどを被せて28～30℃で約1時間発酵させる。
⑥生地が約2倍になったら空気を抜いて、ラップなどを被せて常温で10分置く。またはビニール袋に入れて冷蔵庫で一晩休ませても良い。

仕上げ

レーズン	100g
アーモンド（ホール）	10～15粒
卵白	適量

①型にバター（分量外）を塗り、アーモンドの片面に卵白をつけ、卵白側が生地につくように型の底に置いていく。
②生地を2等分し、それぞれの上にレーズンを散らし、そのまま2枚を合わせて丸め、軽くこねてまとめる。
③生地の中央に穴を開けて型に入れ、一次発酵と同じ要領で約1時間ほど発酵させる。
④180℃のオーブンで40分ほど焼き、粗熱が取れたら型からはずして粉糖（分量外）をふる。

ルイ十四世を超える晩餐会

ストラスブールを発つと、いよいよ夫となる王太子が待つコンピエーニュの森へと向かう。そこでは、国王のルイ十五世とその一族が乗った馬車が並んでいた。花嫁の一行が近づくと、ルイ十五世が馬車から降りてアントワネットに歩み寄った。アントワネットは、膝を曲げて深々と挨拶をし、ルイ十五世の横に立っている王太子に目線を移した。王太子は、特に感情を表すでもなく、儀式的なキスをして、その場をやり過ごす。この日の王太子の日記は、「王太子妃と会見」とあっただけである。

結婚式はヴェルサイユ宮殿内で行われることになっていたが、アントワネットは、結婚式当日まで宮殿にたどり着けなかったので、その前夜は、パリ近郊のラ・ミュエット城で過ごした。馬車には、国王と王太子はもちろん、ストラスブールから付き添っていた、のちにアントワネットから「エチケット夫人」と呼ばれる、ノアイユ伯爵夫人もいた。

二人の結婚にはパリ中が大興奮した。パリでは花火が打ち上げられ、ルイ十五世広場（現在のコンコルド広場）に設置された演壇に火の粉が飛んで燃え上がった。集まった人々は恐怖のあまり、ロワイヤル通りに逃げ込んだ。しかし、あまりの人で身動きが取れず、三〇〇人もの死者が出たという。

フランスでの正式な結婚式は、一七七〇年五月十六日、十三時から十四時にかけて、ヴェルサイユのルイ十四世礼拝堂にてランス大司教によって行われた。鏡の間から礼拝堂へ移った一行は、国王だけが祈禱台《きとうだい》を使ったほかは立席し行われた。大司教は金貨と結婚指輪に祝福を与え、その指輪を王太子がアントワネットの薬指にはめ、金貨を渡す。その後はミサでの祈りと続く。

式の最後、結婚契約書に署名をする段階で、アントワネットは、後世に残る一つの染みを残してしまう。初めて使う異国の筆は書きにくかったのか、自分の名前をフランス語でマリー・アントワネット・ジョゼフ・ジャンヌと書き記した後、その横に黒い影を落とす。インクの染みだ。これまた不安な幕開けを暗示するようであった。

外に出ると、パリを始めとして近郊からもヴェルサイユ宮殿の庭に群衆が集まっていた。おかげでこの日のパリの人口は半減したといわれているほどだ。夜には盛大な花火が打ち上げられる予定だったが、豪雨が襲いかかり、やむなく中止となった。

その晩、ヴェルサイユ宮殿内の新築のオペラ劇場で始められていたのは、結婚晩餐会である。ルイ十五世の威信をかけたこの晩餐会は、先の王、ルイ十四世のそれを超えるものでなければならなかった。招待客は六千人に及ぶ貴族たちだ。その中で実際に食卓につけるのはたった二十二人である。その他は、周囲に立って食事の様子を眺めているだけなの

ポール・アンドレ・バセット《1770年5月16日にヴェルサイユの礼拝堂で行われた結婚の祝福の儀式》1770年頃、カルナヴァレ美術館

であった。これは、以前からの王家のしきたりである。

ルイ十五世は、演奏家たちを前にした上座に座り、その周囲には、王族たちが座っている。長さ十メートルほどのテーブルには、ドーリア式列柱を模したピースと、セーヴル磁器の国王像が置かれ、人目を引いていた。国王の右側には、のちのルイ十六世である王太子、ルイ十六世の弟プロヴァンス伯爵、妹エリザベートなどが並ぶ。左側にはアントワネット、ルイ十六世の二番目の弟アルトワ伯爵、アデライード内親王と続く。

この日の晩餐会のメニューは残っていないが、推量している歴史家たちがいる。それによると食卓には、アントレ、テリーヌ、ロースト肉、アントルメなどが次々と供されたという。

その後のデザートには、テーブル中央に置かれた金銀細工の飾り盆を囲むように、七十四個の食器が並べられ、フルーツのコンフィやパート・ド・フリュイが盛り付けられ、食卓に輝きを与えていた。百合やひまわりが交互に飾られ、二〇〇個のコンポートや焼き菓子が、大小のお盆にリボン状に連なって甘い香りを放っていた。その他、ドラジェ、キャラメル、揚げ菓子なども所狭しと並べられ、オレンジやアプリコット、プラムの木のプランターが設置され、それぞれにキャラメルがけされた果物で装飾されていた。

ピエス・モンテを生んだカレーム

このように結婚祝いの食卓の最後は、フルーツや様々な菓子でテーブルが埋め尽くされたが、やがてピエス・モンテと呼ばれる高く積み上げる大型細工菓子に発展し、招待客にふるまわれるようになる。このピエス・モンテの原型は、十九世紀初頭に活躍した、近代パティスリーの巨匠といわれるアントナン・カレームによって考案された。

アントナン・カレームは一七八四年頃、二十五人もの兄弟の十六番目の子どもとして生まれた。アントナンという名前は、当時の王妃アントワネットにあやかって付けられたといわれている。しかし、革命前後の激動の時代、各地で暴力がはびこる混乱の中、パリで父親に捨てられた。その後、肉料理専門店のオーナーに拾われ、料理人として五年間働き、十五歳のときにより高みを目指して、パリのブルジョワが集うパレ・ロワイヤル界隈のパティスリー「バイィ」で働くようになった。

暗くじめじめした、そして有毒な一酸化炭素を放つ煙が立ちのぼる、劣悪な地下厨房での過酷な労働の中、時間を見つけて通った先は国立図書館だった。彼はそこで建築学や彫版術などを学んだ。それらの学びからヒントを得てできあがったのが、ピエス・モンテである。当時のピエス・モンテは、フリュイ・コンフィとヌガーなどコンフィズリーを積み

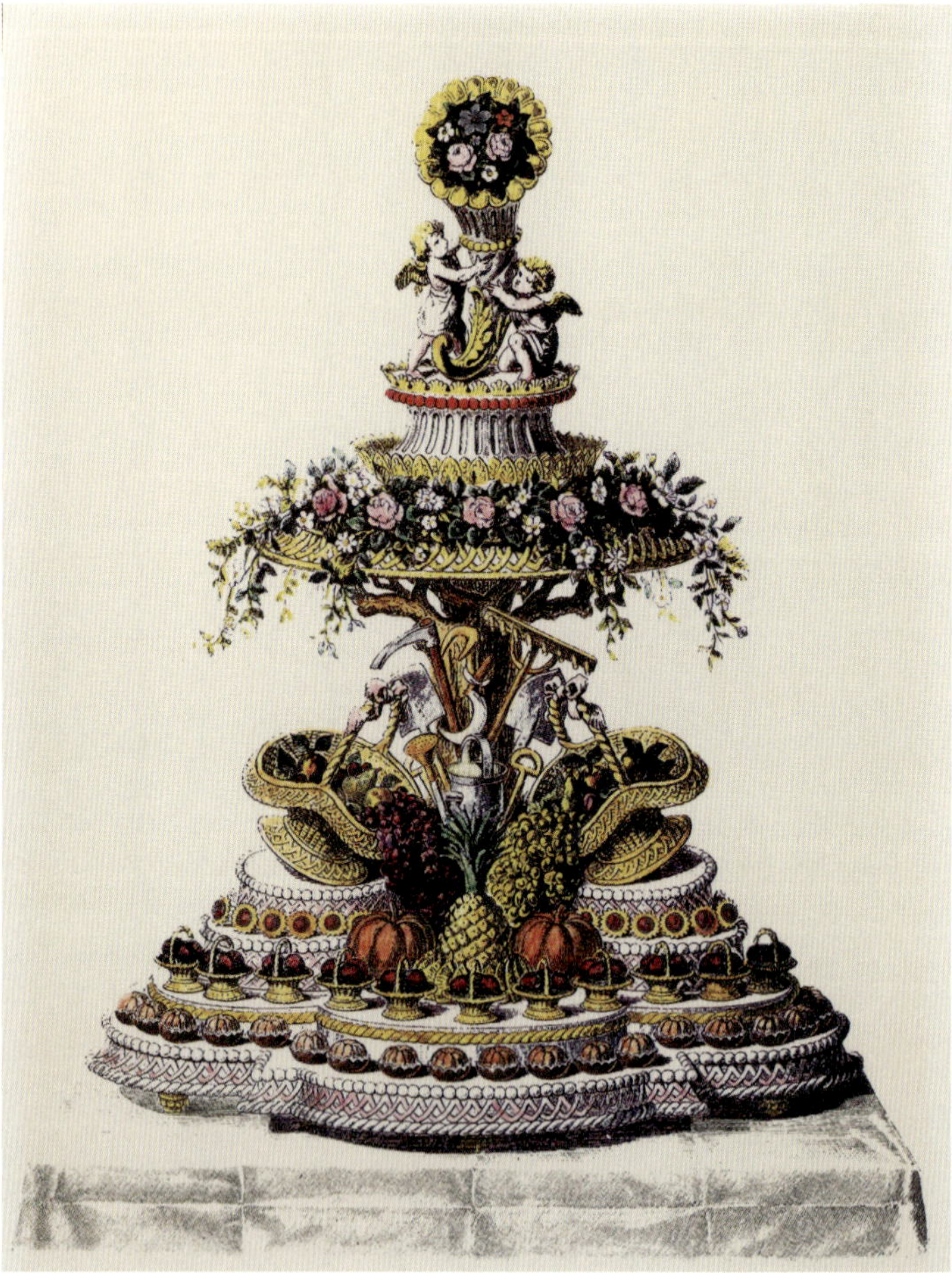

カレームの弟子の一人である、ユルバン・デュボアによるピエス・モンテ

上げていたと伝えられている。彼の考案したその他のお菓子や道具は、近代から現代に続く菓子業界に多大なる影響を与え、受け継がれていった。

アントナンは、「バイィ」時代、タレーランという政治家に見いだされ、一八〇二年には、フリーランスとして働くようになる。タレーランは、ルイ十六世時代からナポレオン治世下を経て王政復古時代まで、司教、首相、外交官と高い地位に居続けた政治家だ。

カレームは、彼の紹介で著名人やブルジョワたちの晩餐会を任されるようになる。ナポレオンの結婚式のピエス・モンテも製作した。ナポレオンは食には一切興味がなかったが、外交手段の一つであると、タレーランに晩餐会の成功を約束させていたのである。

カレームが、ナポレオンの妹ポーリーヌ・ボナパルト主催の晩餐会を受け持った際の準備の様子は以下のものである。

作業は午前四時から始まり、カスタードクリームを仕込む。ピスタッチオを殻から取り出して刻み、九時にはブリオッシュと一緒にシュー生地をオーブンへ。ブリオッシュとシュー菓子は、洞窟や庭園となり、ピエス・モンテの周囲を飾る。これらを食べられる素材で作ったことを強調することに意味があった。お昼前には、焼き菓子やババも焼く。当時のアントナンのババは、ライ麦粉で焼き上げ、ハンガリーワインに浸すのが特徴だった。

二日目は、夜中の三時になってやっとピエス・モンテのパーツができ、組み立てることができた。仮眠を取って、草木や葉などで飾り付けが終わったのが、午後一時だった。午後はデザートやアイスクリームをピエス・モンテに飾り付ける時間に当てていたが、あまりの暑さに一苦労。晩餐会で供されたピエス・モンテは十六個だったという（イアン・ケリー著、村上彩訳『宮廷料理人アントナン・カレーム』より抜粋）。

その後カレームは、一八一五年にロシア皇帝アレクサンドル一世の料理長になり、次いで一八一六年にはイギリス皇太子に仕え、晩年はロスチャイルド家に仕えた。

現代のフランスの結婚式の定番ピエス・モンテの代表は、クロカン・ブッシュである。口の中でカリカリするお菓子という意味があり、クリームを詰めた小さなシュー菓子を円錐形に積み上げるケーキだが、結婚式のお菓子となった一つの理由として、積み上げたシュー菓子を一つずつ招待客に配れるからである。

このクロカン・ブッシュにはしばしば、糖衣がけのアーモンド、ドラジェがちりばめられる。たくさんの実がなるアーモンドが、多産や繁栄を表すという理由から、ドラジェも結婚や出産の折に贈られるお菓子である。

ドラジェの生い立ちは中世にさかのぼる。薬を飲みやすくするために、薬の周りに糖衣を施したものをヒントに、パティシエがアーモンドやアニスに糖衣をかけることを思いついた。それを現在のドラジェに近い形に仕上げたのは、ルイ十五世御用達のパリのコンフィズリー（砂糖菓子屋）のペケ（Pecquet）という人物である。ペケが店を構えていたパリ一区と四区にまたがるロンバール通りには、多くのコンフィズリーが店を構えていた。当初ペケは、王侯貴族をお客にしてかなりの財産を築いていた。コンフィズリー店は、イタリアから輸入された絹織物や高級置物の店の近くに出店していたので、コンフィズリーも高級なイメージになっていった。

ドラジェの名前の由来は、ローマ時代の砂糖菓子屋、ユリウス・ドラガトゥス（Julius Dragatus）からきている。彼はファビウスという名家のために、アーモンドを蜂蜜やスパイスで覆った菓子を作っていた。ファビウス家では、その菓子を一族のお祝い時に配っていたという。

結婚を祝うマカロン

マカロンは元々イタリアのお菓子であり、その語源はマカロニだったといわれている。そのマカロンは十六世紀、カトリーヌ・ド・メディシスがアンリ二世に嫁いだ際、イタリアから伝えられた。カトリーヌは、カトリックとプロテスタントの宗教戦争を起こし、大虐殺を仕掛けたとして悪名高き王妃である。その一方、彼女のおかげで、今のフランスのガストロノミーがあるともいっても過言ではない。というのは輿入れした際、カトリーヌはフランスにフォークや砂糖菓子、氷菓、イタリアの料理法などを持ち込んだからだ。

カトリーヌの伝えたマカロンは、フランス各地に点在していた修道院の修道女たちに伝わり、試行錯誤を経て作られていく。材料は同じだが、各地のマカロンが形状や製法が異なるのは、それぞれを行き来する交通機関もなく、電話もない時代、情報交換がなされなかったからであろう。多くのマカロンは修道院で作られ、革命後修道院が破壊された後は、近くにあったパティスリーが製法を引き継ぎ、作り続けている場合が多い。

逃亡した修道女が、かくまってくれた家主にお礼としてマカロンを作ったところ評判を呼び、今日まで作り続けられたこともある。ロレーヌ地方のマカロン・ド・ナンシーがそうである。

王家の結婚式にも、マカロンが登場する。ルイ十四世は一六六〇年、バスク地方のサン・ジャン・ド・リュズの教会でスペインのマリー・テレーズと結婚式をあげている。その際、アダムというパティシエが作ったマカロンを使用人の女性が献上した。マリー・テレーズは大変気に入り、その女性に水晶でできたロザリオをお礼に贈った。その後、女性はアダムの甥と結婚する。以来十世代にわたりそのマカロンは作り続けられ、三五〇年以上経った今でもおおいに人気を博している。それが「メゾン・アダム」のマカロンである。優しい食感で素朴な味わいだ。

フランスには様々な地方で、異なる形や食感のマカロンが作られている。現在市場に出回っている二つのマカロンでクリームを挟んだカラフルなものは、二十世紀初頭に作られた一番新しいスタイルで、作り方のテクニックも高度なものである。それは、マカロン・パリジャン、あるいはマカロン・リスと呼ばれるもので、主にパリで作られていた。元々マカロンは、一つ一つ、独立した小菓子だったが、それを「ラデュレ」がクリームを挟み、二つを一緒にした今の形にしたのである。前述の「メゾン・アダム」のように、地方で作られているマカロンは、一つずつ頬張るタイプのもので、素朴で飽きのこない味わいである。

フランスの地方のマカロンには、ほかにも複数ある。ピカルディー地方のマカロン・ダミアン、ロレーヌ地方のマカロン・ド・ナンシーやマカロン・ド・ブーレイ、アキテーヌ地方はサンテミリオンのマカロン・ド・サンテミリオン、そしてポワトゥー・シャラント地方のモンモリオンのマカロン・ド・モンモリオンなど、フランス各地にそれぞれ形状や製法の異なるマカロンが存在するが、材料は全て同じである。アーモンド、卵白、砂糖の三つを使って作る。

かつては結婚式の祝い菓子としてフランスでは頻繁に供されていたのだ。マリー・アントワネットも宮廷でマカロンを食べていたと思われるが、現在よく見かけるカラフルな二枚重ねのクリーム入りのものではない。あのマカロンは近年考案されたものである。十八世紀の宮廷で作られていたマカロンはもっとシンプルなもので、しかも当時は、絞り袋は存在しなかったので、スプーンですくって天板に乗せていた。

recipe

マカロン

Macaron

材料と作り方（10個分）

●マカロン生地

卵白……50g
アーモンドパウダー……50g
グラニュー糖……50g

●グラサージュ

粉糖……70g
レモン汁……約大さじ2

●準備

◆オーブンは180℃に予熱しておく。

①卵白とグラニュー糖を混ぜる。
②アーモンドパウダーを加え、混ぜる。
③大さじで生地をすくってオーブンペーパーの上にのせ、直径4cmくらいの大きさになるように表面を整える。
④180℃のオーブンで13分焼く。
⑤粉糖、レモン汁で塗りやすいように調整して作ったグラサージュを、マカロンが熱いうちに表面に塗ってそのまま乾かす。食用の花びらをふりかけても良い。

フランス各地の結婚式のお菓子にも色々な特徴がある。マリー・アントワネットがフランス入りした際に立ち寄ったアルザス地方では、クグロフがそれである。アルザスでは婚約時に、現在も見かけるハート型のパン・デピスも同様にお祝いとして焼かれた。隣のロレーヌ地方では、積み重ねたワッフルの上で公式に結婚を認めるキスがなされたとの記録もある。

また、ヴァレンタインの日にフィアンセにワッフルを贈り、お返しに宝石などを受け取る習慣があった。上流階級では、ワッフル型にイニシャルなどを施して、結婚のお祝いとして贈ることもあった。

特大のお菓子も多く作られていた。ブルターニュ地方の結婚式のお菓子は、直径一メートルのガトー・ブルトンであったし、その隣のヴァンデ地方では、一・三メートルのブリオッシュが作られた。他、ピエス・モンテの元にもなった高さのある二種類のお菓子、サヴォワ地方のビスキュイ・ド・サヴォワや、ミディ・ピレネー地方で作られるバームクーヘンの兄弟、ガトー・ア・ラ・ブロッシュも結婚式には必須だった。

いずれにしても、結婚は人生で最も重要なイベントであったため、庶民の場合でも、招待客が三〇〇人を下らない披露宴もあった。その場合は食器を持参してもらうか、同じ食器を二度使う。招待客はお祝いとして、食器や布、三角巾などの日用品を贈る。そのお返しにはブリオッシュやクグロフ、白ワインやシードルをたっぷりかけたクレープなどがふるまわれた。

観光客も見つめる王の食事

通常、フランスの国王は一人で食事をしていた。これは何百年も続く王の示威表現であり、臣下と隔てる一つの手段でもあった。権力者は常に孤独である。しかし部屋のドアは開いており、そこでは臣下たちがこぞって王の食事の様子を眺めている。たとえ王の顔が見えなくても、その後ろにも人がいる。ヨーロッパ中から物見高な観光客も訪れていた。王と同じ空間にいるだけで光栄だったのである。

太陽王ルイ十四世は食卓にも、宮廷作法（エチケットと呼ばれる）の一つとして、儀式的な要素を取り入れ、あらゆる行為で臣下を序列化し多くの係を置いた。王族の食事を担当する大膳長が率いる大膳部には、一五〇名から二〇〇名が働いていたが、国王の食事に関わったのはそのうちの数名である。その他は、奉公人たちの食事に関わった。

配膳の順序としては、給仕係がテーブルセッティングをし、パンを使って銀器やカトラリーに毒がついていないか確認する。「国王のお食事！」という掛け声とともに、まず近衛兵《このえへい》が進み、ドア係、杖を持った召し使い頭、パンのサービス係など十人ほどが続く。

これらの係は皆貴族であり、毎日王と接することができる名誉な仕事であった。王と同席して食事できるのは、前もって許可された公爵夫人などで、彼女たちのために折り畳み椅子が用意されていた。

ブルボン王朝のフランス式サービスでは、会食者は各自、背後の従僕に食べたい料理を告げ、取り分けてもらう。従僕がいない場合は、自ら手づかみで料理を取る。スープ類などは、回し飲みしていた。しかし、あまりに遠い料理は遠慮せざるを得ず、晩餐などの主催者は、好まぬ会食者には料理が取りにくい席を与えることもあったという。

ブルボン朝の王たちの旺盛な食欲ぶりはよく知られている。ルイ十四世の毎回の食事は三十皿以上に上る。料理が供される順序は、スープやポタージュ八種、アントレ十種、ロースト肉四種、アントルメ（料理と料理、またはデザートの間に出す料理）八種、サラダ二種、果物四種、コンポート六種という具合である。

ルイ十四世は歯が悪かったので、パンは山羊の乳に浸して食べていた。柔らかいパンは酵母が多すぎるため健康に悪いという認識があり、当時のパンは硬かった。

肉は牛、羊、鶏、鳩、ヤマウズラ、七面鳥、フォアグラ、キジ、ウサギ、小鹿などである。魚はほとんどメニューに載らないが、ヒラメ、タラ、サーモンなどであった。野菜はキャベツ、アスパラガス、ホウレンソウ、アーティチョーク、カリフラワー、さやいんげんなどである。もちろん全てはお腹に収まらないので、それぞれを少しずつつまんでは濡れたおしぼりで手を拭き、次のお皿に手を出した。フォークはすでにあったが、王は手づかみで食べるのを好んだ。料理は、塩とスパイスをかなりきかせたものが多かった。

料理の素材は各地から取り寄せた。ワインはシャンパーニュ地方や、ブルゴーニュ地方のものを水で割って飲んだ。寝る前はオレンジの花の水を飲んでいたが、これには必ず氷が入っていた。水はかなりの財力をつぎ込んで、三万人もの労働者を使い、パリ近郊の川から引いていたが、決して清潔とはいえなかったので一度沸騰させて使っていた。飲料水が不足していた人々は、代わりにワインやビールを飲んでいたのである。

その上、食後に驚くほど大量の甘味を食べていた。当時、デザートはフリュイ＝果物と呼ばれていた。アントレとしてもたくさんのシャーベットを、さらに食後は並外れた量の果物を食べたので、歯痛に悩まされ、痛風を患い胃病にも苦しんだ。一生のうち、三回生死をさまよう病気をしたが、強靭な精神と身体を維持していたのは、どんな悪天候でも行った狩猟のおかげだといわれている。そして至高の権力者として、平均寿命四十歳のこの時代、七十六歳まで生きたのだった。

さらに余った料理は小売商に売った。小売商は料理を温め直したり、腐りかけたものはソースでごまかしたりして、宮殿に隣接する通りで住民や兵士、使用人などに売っていた

シャルル＝アンドレ・ヴァン・ロー《狩りの休止》1737年、メトロポリタン美術館

のである。

アントワネットの食事は、宮廷内の独自の大膳部が担当していた。国立文書館が保管している史料には、大膳部の詳しい様子が記されている。一七八一年の予算は七十万リーヴルで、それには周囲に仕えるものたちの食事も含まれている。たとえば王妃付き侍従の昼食は、ポタージュ、鳩、羊肉、牛肉、アントレ、ロースト肉などである。到底一人で食べきれない量なので、残りはヒエラルキーによる分配が行われた。

魚が間に合わず命絶つ

ここで、後世に伝わる悲劇の料理人と彼の考案したクリームの話をしよう。

一六七一年四月、ルイ十四世は、当時名将といわれていたコンデ公（ルイ二世。一六二一―一六八六）の招待を受けて、パリ北部のシャンティー城に赴く。太陽王を招くために、コンデ公は五年もの歳月を費やしてその日を迎えたという。公は、なんとしてもこの晩餐会を成功させたかったたし、ヴェルサイユをしのぐ饗宴を演出したかった。大膳長を任されたのは、ニコラ・フーケ（一六一五―一六八〇）に仕えていたフランソワ・ヴァテールという人物だった。ヴァテールはその晩餐会の準備にあたり、十二日間寝ずに仕事をした。大膳長は料理のことばかりではなく、会を盛り上げるための演出にまで気を配らなければならないからだ。宴は三日続き、魚を食べる金曜日の精進日が来た。

しかし、いくつかの港から人数分の新鮮な魚を注文していたにもかかわらず、その朝届いたのは、ほんの数尾だったのである。これは一人の魚調達人が持ってきた数で、その後も届くはずであったが、不眠状態が続いて朦朧《もうろう》としていた彼は絶望し、剣を自分の心臓に突き刺して自死した。この悲劇は、後世料理人に伝えられることとなった。

かたや菓子職人に伝えられたのは、その宴会でも出したといわれている彼が考案したクレーム・シャンティー（シャンティー・クリーム）である。生クリームをほんの少しの砂糖と一緒に泡立てたこの真っ白なクレームは、メレンゲやジャムのお供として、フランス菓子になくてはならないものになった。

recipe

クレーム・シャンティーとメレンゲ

Crème Chantilly et Meringue

材料と作り方

●クレーム・シャンティー

生クリーム……200cc
グラニュー糖……16g

①両者を一緒に泡立てる。

●メレンゲ（大さじ10個分）

卵白……40g
グラニュー糖……30g
粉糖……30g

●準備

◆オーブンは100℃に予熱しておく。

①卵白を白っぽくふわっとなるまで立ててから、グラニュー糖を少しずつ加えながらしっかり立てる。

②粉糖をふるいながら入れ、泡が消えないようにゴムベラなどで混ぜる。

③スプーンですくってオーブンペーパーを敷いた天板に落とす。

④100℃のオーブンで1時間半焼き、火を止めてそのまま30分ほどオーブンの中に放置しておく。

愛人と正妻の食卓

太陽王の後を継いだのは、これまたグルメなルイ十五世である。彼はブルボン王朝の食に少しばかり変革を施した。ヴェルサイユ宮殿にプライベートな厨房を設置し、自ら調理し、貴族たちを招待した。そんな王の手料理の中には、寵姫《ちょうき》ポンパドール夫人の考案したものも含まれていた。ルイ十五世は無類の女性好きで、愛人も多くいた。その中でも王妃とともに公式の場に出られるのが、公妾と呼ばれる特別な存在の愛人である。

ルイ十五世の公妾でのちに語られるのは、ポンパドール夫人であり、ポンパドール夫人亡き後は、のちにアントワネットと対立するデュ・バリー夫人であった。

ポンパドール夫人は教養と知識を備え、卓越したその才能を生かし、政治に関心の薄かったルイ十五世に代わって、政治や文化を司っていた。オーストリアとの和解も裏には彼女の指示があり、そのおかげでアントワネットがフランスに嫁いできたともいえる。また文学や芸術を愛し、サロンを開いた。ヴォルテールやディドロなどの啓蒙思想家とも親交を深め、芸術家たちのパトロンにもなった。その他、王立セーヴル磁器製作所を支援し、当時はルイ十五世広場と呼ばれていた、コンコルド広場を建造する。

前髪をふくらませ、高い位置でまとめてピンなどで止める髪型をポンパドールと呼ぶが、

イアサント・リゴー《ルイ15世》1730年、ヴェルサイユ宮殿

フランソワ・ブーシェ《ポンパドール夫人》1756年、アルテ・ピナコテーク

当時のファッションリーダーでもあった夫人の髪型を真似たものが、後世まで伝わったのである。バゲットの形を考案したのもポンパドール夫人といわれている。

彼女は王のために多くの料理を考案した。鶏の胸肉と甲殻類の料理「Fillet de volaille de la Bellevue」、トリュフと子牛肉の煮込み「Tendron d'agneau au soleil」、そしてヒラメとトリュフのきのこ添え「Fillet de sole, Pompadour」などである。

一方、正妻レクザンスカの父親のレシチニスキ公は、娘を不憫《ふびん》に思ってか、お抱え菓子職人ストレールを、ロレーヌ公国からヴェルサイユに送り込んだ。愛人たちに負けないお菓子を作らせて、ルイ十五世の浮気癖を食い止めようと考えたのだ。それらのレシピはマリー・レクザンスカ亡き後も、ヴェルサイユに輿入れしたアントワネットに伝えられている。

その一つが「王妃のビスキュイ」と呼ばれるお菓子である。フィンガービスケットのようなビスキュイだが、当時は絞り袋がなかったので、スプーンで生地をすくって焼いていた。

recipe

ビスキュイ・ア・ラ・レイヌ

Biscuit à la reine

材料と作り方（12個分）

薄力粉……60g
グラニュー糖……60g
全卵……2個
コリアンダー……小さじ1弱

準備

◆オーブンは200℃に予熱しておく。
◆卵白と卵黄は分ける。
◆薄力粉はふるっておく。
◆コリアンダーはつぶしておく。

①ボウルに卵白を入れ、ふわっとするまで泡立て、グラニュー糖を3回くらいに分けて混ぜながら、しっかり立てる。
②卵黄を、泡を消さないように混ぜる。
③コリアンダーとふるっておいた薄力粉を、泡を消さないように混ぜる。
④大さじですくって、オーブンシートなどを敷いた天板に流し、グラニュー糖をかけて、200℃で約12分焼く。

宮廷菓子がやがて町の菓子に

宮廷のお抱え職人だったストレールが考案したお菓子の一つに、ババの前身、アリ・ババがある。ロレーヌの宮殿である日、レシチニスキ公が食べたブリオッシュ菓子（クグロフと伝えられている）が固かったので、お酒をかけてみた。すると思いがけない美味しさだったので、これを食べやすいお菓子にアレンジした。名前は、当時公が気に入っていた『千夜一夜物語』の主人公の一人のアリ・ババをそのままお菓子につけたのである。アリ・ババは、その後も作り続けられ、ストレールがパリで開いたパティスリーでも売られるようになった。そのパティスリーは「ストレール」の名で、現在もパリのモントルグイユ通りにある。現代のアリ・ババは、中にカスタードクリームが詰まっている。一方、ババはアリ・ババと同様の生地を筒形の型で焼き、シロップを含ませたお菓子だ。

これらからヒントを得てできたお菓子がサヴァランである。一八四〇年代にパリでパティスリーを営んでいたジュリアン兄弟の一人、オーギュスト・ジュリアンによって考案された。サヴァランという名は、十八世紀から十九世紀初頭に活躍した法律家で、美食家でもあり、一八二五年に『美味礼讃』を出版したブリア・サヴァランに由来する。現在、パリのストレールを訪れると、右手にババ、左手にもう一つの店の名物であるピュイ・ダムールを高く積み上げたトレイを持つ、一人の巫女が壁に描かれている。

recipe

ババ

Baba

材料と作り方
（直径4.5cmのババ型約８個分）

生地

強力粉……150g
塩……4g
インスタントドライイースト……5g
グラニュー糖……10g
全卵……66g
牛乳……55cc
バター……40g
カレンズレーズン……38g

準備

◆型にバター（分量外）を塗る。
◆バターを室温に戻しておく。

①ボウルに、ふるった強力粉、塩、グラニュー糖、ドライイーストを入れてさっと混ぜる。
②中央にくぼみを作り、全卵、牛乳を流し入れて、粉類を崩しながら、手で混ぜ合わせる。
③生地をのばしながら、こねる。
④生地の表面がすべすべした状態になったらバターを2、3回に分けて、加えながらその都度、こねる。
⑤バターがなじんだら生地を丸くまとめてボウルに入れ、ラップなどを被せて28～30℃で約1時間発酵させる。
⑥生地が約2倍になったら、レーズンを加えて軽く練る。
⑦直径1.5cmの丸口金を付けた絞り袋、あるいは手で丸めて、生地を型の3分の1の高さまで詰める。⑤と同じ要領で、生地が型から少し出るくらいにふくらむまで、温かいところで約1時間ほど発酵させる。
⑧200℃に予熱したオーブンで20分焼き、粗熱が取れたら型から出して網の上で冷ます。

シロップ

水……700cc
グラニュー糖……350cc

①鍋に水とグラニュー糖を入れて沸かし、グラニュー糖が溶けたら火を止め、70℃まで冷ます。

仕上げ

ラム酒……少々
生クリーム……150cc
粉糖……12g

①粗熱を取ったババ生地をシロップに2、3分ほど浸す。ひっくり返して同じように浸し、中心までシロップを染み込ませる。竹串で数か所穴を開けるとシロップが染み込みやすい。
②お皿に盛ったら、好みの量のラム酒をふり、生クリームに粉糖を混ぜて立てたクレーム・シャンティーを添える。

第三章　パリとヴェルサイユの甘味

片手で食べるタルムーズ

さて、結婚の公式行事が終了した後、アントワネットはルイ十五世に伴われて王太子と共に寝室に案内された。そしてランス大司教が祝福の言葉を述べ、聖水をふりかけ、天蓋付きベットのカーテンが下りた。しかし、その晩は何も起こらなかった。王太子の日記には、一言「何もなし」と記載されただけである。

その後もことは発展しない。彼女も未熟な少女だったし、王太子も経験不足なだけだと最初は皆心配していなかったが、そんなことが一年、二年と続くうちに、ことの重大さに気が付き始める。王太子は、性的不能だったのである。その状態は五年続き、ルイ十六世として戴冠した後も二年続いた。このことは宮廷中に知れ渡り、洗濯女でさえも噂するようになっていた。王家の存続にも関わる重大事である。もし、二人に子どもができないのであれば将来の王を狙おうと、密かに企む者も出てきた。ルイ十六世の弟、プロヴァンス伯や、アルトワ伯だ。彼らは実際に革命後、目的を果たしていく。

このことは、アントワネットの実家のハプスブルク家にも伝わる。一七七七年、彼女の兄ヨーゼフ二世が、義弟に手術を受けさせるように説得するため、ヴェルサイユを訪問することになった。彼の訪問の目的はさらに二つあった。子どもを授からず落ち着かない様子のアントワネットは、もはや王とベッドを共にせず、享楽的な生き方に身を投じていた。彼女にそこから生じる危機を認識させ、未来の王妃としての自覚を持たせようと説得するため。そして、オーストリアとフランスの王家と国家の結びつきを強化するためであった。

不運にも、夫としての義務を果たせないルイ十六世は、妻の言いなりになるしかなかった。ある日、パリがどんなに魅力的な町かを語る義弟たちにそそのかされて、お忍びで遊びに行ってみたいと申し出たアントワネットを、ルイ十六世は許可してしまう。抑圧された宮廷生活、そして夫との屈辱的で不毛な夜が続く中、活発で行動的だった十八歳の彼女には、エネルギーがあり余っていたのである。仮面をかぶって馬車に乗り込み、向かったその先は、オペラ座の仮面舞踏会であった。その後、アントワネットは、賭博、舞踏会、オペラ座通いとますます享楽にふけるようになっていく。

すっかりパリに魅せられたアントワネットは、一七七三年六月八日、ルイ十五世に嘆願し、夫とパリを公式訪問する。雲一つない晴天の下、彼女を迎えたのは、何百万という熱狂的な観衆であった。初めて見る色白の美しい王太子妃に、観衆たちは旗を振り、拍手と歓声がいつまでも続く。晴れ着を着た女性たちが駆け寄り、献上品を持ち寄る。バスティーユの礼砲が鳴る。初めて間近で見る民衆たちの熱狂ぶりに、アントワネットは感動した。パリの魅力に取り憑かれた彼女は、その後も宮廷から解放される時間を楽しむようになる。

最初の頃は名所や博物館などを見学し、教養を高めているかに思えたが、その後は遊びに転じ、舞踏会、オペラ、賭博場へと頻繁に通うようになった。それも王が寝ている深夜に出かけ、朝帰っていた。あれほど民衆の熱い視線を浴びたのに、民衆の生活のことなどは考えずひたすら享楽を追う日々は、のちに批判を買うようになる。

この頃、とある仮面舞踏会でアントワネットは、将来自分のために身を捧げてくれることになる、金髪で青い眼をしたスウェーデン人、フェルセン伯爵に出会う。

このパリで、当時ポピュラーな食べ物があった。タルムーズである。タルムーズは、チーズとシュー生地を合わせた具をパイ生地で包む、中世から作られているストリートフードで、発祥はパリ近郊のサン・ドニという町である。

サン・ドニには、歴代のフランス王や王妃七十人ほどが埋葬されているサン・ドニ大聖堂がある。この大聖堂の名前の由来は、ヨーロッパを代表する聖人、聖ドニから来ている。聖ドニは、元々ローマからカトリック布教のためにフランスにやってきたディオニシウスという司教であった。しかし彼は、多くの人をキリスト教に改宗させたために異教徒の怒りを買い、モンマルトルで斬首されてしまった。殉教したディオニシウスは、斬首されてもすぐには死なず、サン・ドニの地まで自分の首を持って歩いてきたとされ、人々はそこに彼の墓を掘った。そしてのちに、列聖されたこの聖人の名前を冠した大聖堂を建立した

グスタフ・ルンドベリ《ハンス・アクセル・フォン・フェルセン》
1769年、エステルイェートランド博物館

ピエール・フランソワ・レオナール・フォンテーヌ《アントナン・カレーム》サント・ジュヌヴィエーヴ図書館

のである。

片手で気軽に食べられるタルムーズは、惣菜としても、また蜂蜜などを混ぜてお菓子としてもつまめる大人気商品だった。そんなタルムーズをアントワネットもお忍びで食べていたに違いない。十九世紀には、偉大な料理人でもあり、菓子職人でもあったアントナン・カレームが、折りパイ生地にヌーシャテル（チーズの一種）と砂糖、生クリームあるいはフランジパーヌ（カスタードクリームとアーモンドクリームを混ぜたもの）を詰めて焼いた記録も残っている。

recipe

タルムーズ

Talmouses

材料と作り方(18個分)

●折りパイ生地

薄力粉……100g
強力粉……100g
水(冷やしておく)……95cc
酢……5cc
バター(生地用)……20g
塩……4g
バター(折り込み用)……160g

◆生地に酢を入れる理由は、浮きを良くするためと、冷凍保存する場合の変色を防ぐため。

●準備

◆薄力粉と強力粉は合わせてふるっておく。
◆生地用バターはポマード状に柔らかくしておく。
◆折り込み用バターは、ラップで包み、麺棒でたたいて正方形にし、包みやすいようにしておく。

①ボウルにふるっておいた粉類を入れて、中央にくぼみを作り、冷水、酢、塩、生地用バターを入れ、全てを混ぜ、生地を丸くまとめ、ビニール袋などに入れ、冷蔵庫で2時間以上休ませる。
②①を麺棒で正方形にのばす。生地と同じくらいの柔らかさにした折り込み用バターを生地の中央に置き、生地の四隅を折りバターを包む。
③長方形にのばし、三つ折りを1回行う。再度長方形にのばし、三つ折りを行う。
④ラップなどに包み、2時間以上冷蔵庫で休ませる。
⑤さらに三つ折りを2回行い、さらに2時間以上冷蔵庫で休ませる。
⑥三つ折りをさらに2回行い(全部で三つ折りを6回行うことになる)、冷蔵庫で3時間以上、あるいは一晩休ませる。

●シュー生地

牛乳……60cc
バター……25g
薄力粉……32g
塩……ひとつまみ
全卵……1個

①鍋に牛乳とバター、塩を入れて沸かしてから一度火から下ろし、ふるった薄力粉を加えて混ぜ、再び火にかけて水分を飛ばす。
②火から下ろして、全卵を数回に分けて加えながら都度よく混ぜ、木べらから生地がゆっくり垂れる硬さにする。

●仕上げ

カッテージチーズ……100g
クリームチーズ……100g
蜂蜜……50g

◆オーブンは200℃に予熱しておく。
①ボウルにカッテージチーズ、クリームチーズと蜂蜜、シュー生地80gを混ぜてファルス(具)を作る。
②フィユテ生地を2mmの厚さにのばして、直径10cmの丸抜き型で抜く。
③中央に①のファルスを小さじ1盛り、三方向から中央に生地を寄せて閉じる。
④溶いた全卵(分量外)を塗り、200℃のオーブンで18分焼く。

デュ・バリー夫人とのにらみ合い

ヨーロッパ一といわれたヴェルサイユ宮殿でのアントワネットの暮らしは、しきたりだらけの窮屈なものだった。そして、優雅で華やかな生活の裏では、常に駆け引きと陰謀がうごめいていたのである。

アントワネットの教育係には、元王妃、マリー・レクザンスカの女官だったノアイユ夫人が就いたが、その他、この少女を手なずけようとしていた三人の女性がいた。ルイ十五世の娘たち、マダム・アデライード、マダム・ヴィクトワール、マダム・ソフィーである。皆、どういうわけか嫁に行きそびれたマダムたちだ。

彼女たちは、自分たちの都合の良いように、アントワネットを利用しようと画策する。その一つに、ある女性との対立問題にアントワネットを引き込もうとした事件があった。その女性とは、ルイ十五世の寵姫デュ・バリー夫人である。彼女は元娼婦であり、宮廷ではあまり歓迎される立場ではなかった。アントワネットは次々と知る事実や吹聴に戸惑うが、三人の叔母たちの復讐心に感化され、この寵姫に戦いを挑むのである。

デュ・バリー夫人が唯一欲していたもの。それは、宮廷女性の最高身分、アントワネットから言葉をかけてもらうことである。宮廷では、格下の者が格上の者に言葉をかけるこ

フランソワ＝ユベール・ドルーエ《デュ・バリー夫人の肖像》1770年、プラド美術館

とはできず、格上からの言葉を待たねばならなかった。しかしアントワネットは、軽い微笑を浮かべながらデュ・バリーの前を通り過ぎ、無視し続けた。

そんな折、様子を知った母テレジアから、「あなたが投げかける一言は、その人のためではなく、あなたの主君である王のためなのです」という手紙が届く。その一文がアントワネットの背中を押した。

一七七二年の新年大祝賀会の際、葛藤の末、次の一言を漏らした。「今日のヴェルサイユは、大変な人出ですね！」。この言葉に宮廷中がざわついた。しかし、アントワネットがデュ・バリー夫人にかけた言葉は、生涯この一言だけだったのである。

その後もデュ・バリー夫人は、王妃に取り入るため宝石を贈ろうとしたが、これも徒労に終わった。

しかし、アントワネットに見向きもされなくても、デュ・バリー夫人の名前は、グルメなルイ十五世のために作ったその料理によって、後世に伝わることになる。それは、クレーム・デュ・バリー（Crème du Barry）というカリフラワーのポタージュである。

ルイ十五世は、彼は先代の王のように大晩餐会を好まず、身近の者たちとの食事を大切にしていた。大好きなコーヒーを自ら招待者に淹れ、料理もした。ショワジー城のように、地下からテーブルが自動的に上がって、そのまま会食ができるシステムも試したほどだったが、あまりにも出費がかさむことがわかり、それは断念した。

カリフラワーのポタージュは、色白で美しいデュ・バリー夫人と重なり、王を大変喜ばせたものだ。以後、このポタージュ以外のカリフラワーの料理も、デュ・バリー風と名前が付くようになる。

recipe

クレーム・デュ・バリー

Crème du Barry

材料と作り方（約8～10人分）

カリフラワー（小房に分けて切る）
……1房
たまねぎ（薄切り）……1/2個
セロリ（5mm幅に切る）……10cm
ジャガイモ（皮をむいて、5mm幅に切る）
……小1個
水……約800cc
ブイヨンキューブ……3個
生クリーム、サワークリーム……適宜
塩、胡椒……適宜
バター……適宜
クルトンやチャービル……適宜

①鍋にバターを溶かして、たまねぎ、セロリを炒める。
②カリフラワー、ジャガイモを加え、水を注ぐ。ブイヨンキューブも入れて野菜が柔らかくなるまで煮る。
③②をミキサーなどでピュレにする。
④再び鍋に入れて火にかけ、生クリーム、サワークリーム、塩、胡椒で味を調える。
⑤クルトンやチャービルを添えて供す。

ヴェルサイユ宮殿の部屋割り

ヴェルサイユ宮殿は最初、ルイ十三世の狩猟の館として建てられた。ルイ十四世が改増築をし、ヨーロッパ中の王侯貴族がうらやむような絢爛豪華な宮殿として完成させ、パリから移り住んできたのである。絶対王政を築くため、家臣たちを常にそばに置き、この場所に住むことを栄誉と思わせるのが目的であり、この館ほど、ヒエラルキーを見せつけられる場所はなかった。

北側には国王の大居室、南側には王妃の居室が設けられ、貴族たちにはその家柄に応じた居室があてがわれた。王の愛人たちは、王の愛情の深さにより部屋が決められ、上の階にいくほど、そして窓の数が多いほど、王の寵愛を受けていることとなる。

実際に城館に住むことができたのは、きわめて位の高い家柄のものだけである。貴族であっても住居手当をもらって、ヴェルサイユの市内に家を借りて住んでいた者も多くいた。したがって、ヴェルサイユの住民たちはこぞって、家具付きの部屋を貸家として提供しており、貴族のみならず、宮廷で出入りする職人、召し使い、未亡人、修道士など誰もが部屋を求めにやってきた。ヴェルサイユ宮殿があるおかげで町には人があふれ、ルイ十五世の時代には、食べ物を提供する店やカフェもできたのである。

宮殿の使用人たちは、城館とは別の大共同棟や屋根裏で、数人が同じ部屋で生活していた。大共同棟には一階に共同のキッチンがあり、屋根裏部屋に続く四つの階には、異なる広さの部屋が設けられていた。居住者が頻繁に変わるため、メンテナンスをする暇もなく、水漏れや床の傷み、雨風のため蠟燭《ろうそく》が消えるなど、数々の不具合を訴える陳情書が王に届けられた。たとえば、アントワネットのお抱え菓子職人だったベズナールの陳情書によると、屋根裏の寝室と壁の傾斜した部屋を与えられていたが、窓がなく、小さな明かり取りから日中三時間しか日差しが入らない状態だったという。

ヴェルサイユ宮殿に住んでいたのは千人といわれているが、出入りするものは四千人を下らなかった。というのも、ヴェルサイユに仕える規則として、四分の一勤務という決まりがあったためである。一年の、あるいは一か月の四分の一だけ仕える制度である。彼らは宮殿にいるとき以外は故郷に戻り、ミサで四分の一勤務を終えた者の名前が読み上げられることを誇りに思って生きている人たちである。しかし、野心ある貴族の中には、複数の官職を買って四分の一勤務をはしごし、一年中宮廷で生活する者もいた。

アントワネットに与えられるはずのアパルトマンは、二年前に亡くなった前王妃、マリー・レクザンスカのグラン・アパルトマンだった。アントワネットのヴェルサイユ到着時にはまだ改修中だったが、彼女は改修工事にも口を出すようになり、従来持つセンスの良さを発揮する。彼女の要望は金銭的にも時間的にも、建築家や職人たちを困らせるものだった。住み始めた後も、気に入らないと装飾を取り外させ、調度品も変え、手を抜くことをしなかった。壁掛けやカーテンなどの布には、お気に入りの青、緑、スミレ色を取り入れ、優雅で明るい雰囲気を好んだ。

癒しをくれたキプフェル

アントワネットは、二階と三階に二十以上ある部屋を使っていた。主屋であるグラン・アパルトマンの二階には五部屋あった。衛兵の間、大膳の間、貴族の間、寝室、平和の間である。衛兵の間には、王の部屋に通じる大理石の階段から入ることができる。ここには十二名の衛兵が駐在しており、行き来する召し使いや宮廷人、そして外部からの訪問者の対応をした。

隣は大膳の間である。衛兵の間を通ることを許された人たちは、宮殿内を散策し、王妃を一目見ようとやってくる。王と王妃の公開食事の部屋でもあったので、ここで二人の食事の様子を見ることもできた。これは、グラン・クヴェールと名付けられ、アントワネットは寝室で摂るプチ・クヴェール（小膳の儀式）のほか、いくつかの形式的な食事をしていた。グラン・クヴェールは主に夜行われたが、演奏席（食事は生演奏付きだった）や階段席、給仕のための通路などが設置されていたので、見学者の場所はかなり限られていた。そのため後ろは毎回ぎゅうぎゅう詰めの中、息を潜めて王と王妃が口に運ぶ料理を眺めていたのである。料理だけでなく、金と銀のまばゆい食器類、そして機敏かつ優雅な給仕の所作など、見学者は見たこともない光景に息を呑んだ。宮殿の構造を理解していなかった彼らは見学後、帰り道がわからず右往左往し、なかなか出口までたどり着けなかった。

大勢の目で見られる公開食事は、アントワネットにとっては苦痛以外の何物でもなかった。さらに食事中はほとんど肉料理を口にしなかった。噛む行為は顔をゆがませ、しわを作るという理由からである。

そもそも、アントワネットの食事は世間が思っているような贅沢なものではなく、質素であった。女官のカンパン夫人によると、夕食のときでさえ、ブイヨンと鶏の手羽肉、そしてグラス一杯の水に数枚の小さな焼き菓子を浸して食べる程度だったのである。早く公開食事を終えて、親しい人たちと心から楽しい食事をしたいと願っていたのだ。友人との親密なおしゃべりやティータイムは、王妃のプライベートの部屋で行われていた。

そんなとき、お茶と一緒に頰張っていたお菓子の一つに、キプフェルがある。キプフェルは三日月という意味で、発酵生地のパン、クロワッサンと同じものを指す。オーストリアでは、お菓子もクロワッサンもキプフェルと呼ぶので紛らわしいが、現在でも大変ポピュ

ミシェル・バルテルミー・オリヴィエ《タンプル塔でのコンティ公の晩餐》1777年、ヴェルサイユ宮殿

ラーなプティ・フールである。食べやすいサイズともろい食感が人気だ。アントワネットが、顔のゆがみを気にせず食べられる菓子の一つだったと言っていいだろう。

recipe

キプフェル

Kipferl

材料と作り方（20個分）

バター……100g
粉糖……40g
バニラオイル……少々
レモンの皮（すりおろし）……1/2個分
全卵……20g
アーモンドパウダー……40g
薄力粉……120g

●準備

◆オーブンは170℃に予熱しておく。
◆薄力粉とアーモンドパウダーは合わせてふるっておく。
◆全て常温にしておく。

①常温に戻して柔らかくしたバターに、粉糖を数回に分けて混ぜる。
②全卵を数回に分けて混ぜる。
③レモンの皮と、バニラオイルを加える。
④ふるっておいた粉類を混ぜる。
⑤直径1.5cmの口金をつけた絞り袋に入れ、6cmの棒状に絞る。
⑥絞った生地を三日月形に整えて、オーブンペーパーに乗せる。
⑦170℃のオーブンで15分焼く。
⑧冷めたら、粉糖（分量外）をふる。

宮殿の明かり

舞踏会好きだった彼女は演奏席や階段を利用して、この大膳の間でしばしば舞踏会を催した。その日は宮殿の収納庫から、二〇〇本ものシャンデリアや燭台用の蠟燭が持ち出された。蠟燭は当時かなり高価なもので、一本が労働者の月給と同じくらいの価値である。当時の一般の明かりといえば松明《たいまつ》、よくてオイルランプくらいしかなく、一日の大半が薄暗かった。パリの町は周囲の建物のせいで光が入らなかったし、地方では、月のない夜は暗闇だった。ヴェルサイユ宮殿も普段は薄暗かった。宴会や舞踏会ではここぞとばかりに大量の蠟燭を使ったが、それも使いすぎると弊害を起こした。高く設置されたシャンデリアからの煙で絵画が傷み、女性たちは目の下にくまができたように老けて見えた。

貴族の間は、主に接見に使われた。その一例が、宮廷に出入りすることになる高貴な婦人たちのオーディションである。彼女たちはヴェルサイユの規則にのっとって、宮廷でしか着ないペチコート入りのドレスを着て、王妃の前で挨拶をし、手袋を脱いで王妃のドレスの裾をめくり、キスをする。その後、そのまま後ずさりをする行為を、すでに宮廷に仕えている女官たちの目の前で、粗相のないようにやってのけなければならなかった。

隣は寝室で、貴族の間は、王妃付きの女官たちの待合室でもあった。王妃が起床した後の衣装、化粧、朝食などを担当する四十名以上もの女性が、朝早くから待っており、室内はぎゅうぎゅう詰めだった。

寝室は、ルイ十四世妃だったマリー・テレーズ、ルイ十五世妃レグザンスカから受け継いだ室内装飾をそのままに、白と金の木彫り装飾が施され、ヴェルサイユ宮殿を特徴づける一室である。プライベートな空間ではあるが、公式の接見や公的な仕事にも使用されていた。

王妃の一日

王妃は朝起きるとまず医師の診察を受け、その後身づくろいをした。その間に女官が朝食の準備をする。王妃はベッドかテーブルで朝食を摂った。

接見のための身支度はその後行われるのが常だった。女官からドレスの見本帳を差し出され、どれを着るか頭を悩ませる。何しろ、各シーズン、それぞれの状況に合わせた三十六以上もの見本と、年に四〇〇着新調されるドレスから選ばなければならない。その他、ペチコートやドレス、紋章入りのハンカチや手袋を差し出す女官、ベルトや靴下、手袋、下着を着つける女官など、女官たちの役割が細かく決められていた。

ドレスを身にまとったアントワネットは化粧道具の前に座り、女官が髪を整えている間、次々と挨拶に訪れる二〇〇名ほどの女性や大臣たちに、一言二言声をかけるのであった。

先述の通り、寝室はプチ・クヴェールにも使用された。プチ・クヴェールは王妃一人で食事をする時間であったが、女官長と女官がテーブルの両脇にいて王妃の食事を取り仕切る。ここでもまた外部からの接見に対応しなければならなかった。

宮殿では、王妃は王家の男性以外との食事が禁止されていたが、オーストリアから兄のヨーゼフ二世が来仏した際は、ルイ十六世とアントワネット、そしてヨーゼフ二世がテーブルを囲む、ドゥミ・グラン・クヴェール（半大膳式）と名付けられた異例の食事もこの寝室で摂られた。その際も、その様子を一目見ようと貴族の間に多くの人が詰めかけた。

この寝室で出産も行われた。当時王妃には、大勢の人が見学する公開出産が義務づけられていた。生まれてくる子どもが真に王妃の子であるか見極めるためである。ベッドの周囲には、数人の医者や寝室付き女官以外に王家の人々がいたが、出産の瞬間、別の部屋にいた一〇〇人以上の人々がなだれ込んだのである。お祝いにかけつけた貴族や外交官、庶民団体代表など延々と続く人々の声を、アントワネットは、出産後体力も回復しないうちに聴くことになった。

また、この部屋はお祝いと同時に悲しみの場ともなった。一七八九年六月四日に王太子ルイ・ジョゼフが亡くなると、この部屋で別れの儀式を行った。

アントワネットの一日は、母に宛てた手紙に細かく記されている。

九時くらいに起きて着替え、朝のお祈りをする。それから朝食をすませ、叔母たちのところへ行き、コーヒーを飲むことを習慣にしていたルイ十五世にも会い、十時半くらいまで過ごす。十一時に身支度をし、謁見にやってくる貴族たちの前で口紅をつけ、手を洗う。その後は女性だけになり、女官たちに手伝ってもらって衣服を身に着ける。

お昼には、ルイ十六世や叔母たちとともに礼拝堂でミサを行い、その後昼食を食べる。ルイ十六世は食べるのが速いので、食事もそれほど時間を要さない。

午後は、自分の部屋で読者や書き物、手仕事をする。夕方はチェンバロを習い、叔母たちと一緒に散歩をする。七時から九時まではカードで遊び、九時に夕食を摂る。その後は叔母たちのところに行き、十時四十五分にルイ十五世を待ってから就寝となる。アントワネットは、パリに夜遊びに出かけた翌日は寝不足だったが、起床時間は守っていた。

寝室の奥は平和の間だ。ここはヴェルサイユ宮殿で最も豪華な鏡の間の一角を切り離して造られた部屋で、アントワネットが夢中になった賭け事のゲーム部屋だった。周囲の忠告を無視し、勝負に取り憑かれたアントワネットは、明け方まで巨額のお金を動かしていた。そんな王妃を見かね、王は全ての賭博行為を禁止すると命令を出したが、王妃の取り巻きたちには無視される。警察も王妃の部屋には踏み込めない。そんな状況は、詐欺師やペテン師を呼び込むようになり、悪い噂は、オーストリアの母テレジアにも伝わった。彼女はまたしても、手紙をしたためる。「愛する娘よ、賭博は疑いもなく最も危険な娯楽です。勝負し続けていると結局損をします」と。

当時も今もそのまばゆさと広さから、圧倒的な権力がうかがえる鏡の間だが、ここには、鏡が三五七枚設置されている。当時鏡は、光や蠟燭の明るさを反映し、部屋を明るくするために取り入れられたのである。今でもフランスには、暖炉の上に大きな鏡を設置したアパルトマンがあるが、初めてこのスタイルを取り入れたのは、ルイ十四世の寝室だった。当初鏡はベネチアで製造され、ヴェルサイユに輸入されていた。当時の財務長官コルベールがパリに王立鏡面ガラス製作所を設立し、現代にもサンゴバン社として引き継がれている。

秘密の小部屋

グラン・アパルトマンとは別に、アントワネットは宮廷のエチケットから逃れ、私的な時間を過ごすプライベートな部屋をいくつか持っていた。高価な調度品で装飾されたグラン・キャビネ（別名：金色の間）、図書室、浴室、入浴の疲れを癒すための寝室、女官たちが寝室の夜具を片付けるための部屋、そして髪を整え、化粧し香水をつける化粧部屋などである。彼女はそれほど読書家ではなかったが、母のテレジアがことあるごとに読書を勧めたので、図書室にはこだわりを持っていた。輿入れした彼女のために用意された図書室は、本を置くためのシンプルな戸棚が備わっていただけだったため、彼女はひどくがっかりした。叔母や義理の姉たちの図書室に比べてあまりに見劣りがしたからだ。ただちに側近に命じ、寝室に近い部屋に豪華な図書室を新たに作らせたのである。

そこには小説を始めとする歴史本や、音楽の楽譜、特に幼少時から教えを受けていた大音楽家、グルックの教本などが収められている。一部の本棚は、本棚に見せかけたドアになっており、他の部屋に通じていた。

アントワネットは毎日のように入浴していた。浴槽には蛇口が設置され、地下のタンクからお湯と水が出てくる仕組みになっていた。しかし、十八世紀までは水質が悪かったため、水は毛穴を通して病気の元となる菌を運ぶと考えられていたのである。フランス人の家庭に浴槽がないのは、そんな歴史があるからだろうか。戦後でもフランス人家庭に浴槽やシャワーが備え付けられていたのは、十軒に一軒だといわれている。宮廷人たちは身体を拭く程度で、香水などで体臭をカモフラージュしていた。

ルイ十四世は豪華な湯殿を設置していたが、身体を清潔にするためではなく、もっぱら愛人たちと楽しむための官能的な場所としてであった。ルイ十五世は浴槽に椅子を置いて、

ルイ・マラン・ボネ《入浴》18世紀、ワイドナーコレクション

全身をお湯につけることは決してしなかった。

アントワネットは、お抱え調香師ジャン・ルイ・ファージョンが調合した、アーモンドやオレンジの皮などの香袋を入れてお湯に浸かった。浴槽は錫《すず》メッキの銅でしつらえたもので、直接肌と金属が触れないように麻の布で覆われており、肌着をつけたまま入浴したのである。朝の入浴では、しばしば浴槽の蓋の上にトレイを置いて、そこでコーヒーかショコラを飲みながら、クロワッサンなどの簡単な朝食を摂るのを楽しみにしていた。

ショコラは、「王妃のショコラティエ」の称号を与えられたショコラ職人が、ショコラティエールを使って用意した。当時のショコラはスパイスなどで風味付けされることが多かったが、アントワネットは、オレンジの花やアーモンドの香りをつけたショコラを専用のカップで飲んだのである。

アントワネットの小部屋の一つ、グラン・キャビネには、週二回、マリー・ジャンヌ・ベルタンがドレスのデザインを抱えてやってくる。彼女は当時モード大臣といわれたファッションデザイナーであった。デッサン画が得意だった北フランス出身のベルタン嬢は、十六歳でパリに上り、女性の服飾や小物を扱う店で働くようになると、上流階級の顧客の注文を受けるようになる。そして一七七〇年に、「オ・グラン・モゴル」（ムガール皇帝）という店を開き、三十人のお針子を雇い、ヨーロッパ各地の宮廷や貴族からの注文を受けていた。王妃のプライベートの部屋に一人で訪れ、密談を交わすなど、大臣たちもできないことをこのデザイナー兼商人はやってのけたのである。さらには次々と高価な素材や、奇抜なデザインを提案し、贅沢な衣装を作らせることで、王家からお金を引き出した。祝賀会などのドレスは一着、八〇〇万円もした。

しかし、世界のファッションリーダーであるために、アントワネットにとってベルタン嬢は、政治家たちより大切な人物であった。宮殿では商人との交渉は家臣が行うが、王妃自ら会って交渉していたことは、それ自体が従来の宮廷エチケットへの抵抗の一つと考えられる。そして、ベルタン嬢が自分の店に「王妃御用達」を掲げれば、王妃と同じファッションを求める顧客たちが押し寄せ、さらに王妃のファッションが広がり、流行となるのであった。

この部屋は、時折取り巻きを招いて、アリアやオペラの公演も開催され、アントワネット自身も歌ったり、ハープを弾いたりする発表の場にもなった。

グラン・アパルトマンの寝室には、中二階に降りる階段があった。中二階には、装飾関係の部屋が連なっていた。戸棚やハンガーのある衣装とアクセサリーの部屋は、王妃のドレスを広げて汚れや染みを点検し、アイロンをかけるところである。ここに仕える寝室付き首席女官たちは、王妃の衣装や私的な小物や宝石の管理も任されており、彼女たちの下

ジャン＝バティスト・アンドレ・ゴーティエ＝ダゴティ《ハープを弾くマリー・アントワネット》1775年、フランス歴史博物館

にまた寝室付き女官が複数人いた。その他、トイレ係、寝室の近衛、衣装係、秘書などである。その中でも特に名誉だった係は、王妃のドレスの裾を持つ係であった。また、王妃の生活全般にわたる係も必要だった。ベッドメイキングや、夕方に寝室のカーテンを開ける係、髪を結う係、入浴の世話をする係、床掃除係、洗濯係、暖房係などである。

中二階に降りる階段からは、また「王の廊下」に出ることができ、王の寝室へと続く。「王の廊下」は、王と王妃の寝室を秘密裏に行き来できる廊下で、元々、ルイ十五世によって整えられ、ルイ十六世によりさらに改良された。王妃が秘密の通路やたくさんの続き部屋を持っていたことは、ほんの一握りの側近しか知らず、多くの宮廷人は、革命後初めて知ることになる。それらの部屋は、ルイ十四世が、元々そこに建てられていたルイ十三世の狩猟館を覆う形で増築した際、造られたものであったが、暗く寒く簡素な内装だった。あまりにも寒かったため、ルイ十五世が他の寝室を作らせたほどである。

三階にはビリヤードの間、食堂、私室と衣装部屋、王妃のサービス部屋、王妃の寝室付き首席女官の部屋などがある。ビリヤードは、ルイ十四世の時代から宮廷で流行っていた娯楽であった。ビリヤードの間の隣は、王の寝室付き従僕の部屋であったが、アントワネットはそれを従僕から取り上げ、今日「フェルセンの間」と呼ばれている部屋に作り直した。

パリのヴィエノワズリー

さて、アントワネットが朝食にも食べていたクロワッサンだが、これはオーストリアでは、キプフェルと呼ばれているものである。フランスのクロワッサンは、オーストリアのものとは異なり、バターの含有量が多く食感も異なる。キプフェルはフランスで改良され、今日のクロワッサンの形となった。

クロワッサンやブリオッシュなど、バターを使用して作るパンの総称を、フランス語でヴィエノワズリーという。フランスで広がったのは、一八三〇年代にオーストリア人のオーグスト・ツァンクが同郷のパン職人を雇って、パリのリシュリュー通りにオーストリアのパンとお菓子を売る店、「ブーランジュリー・ヴィエノワーズ」を開いたことがきっかけである。この店には、もちろんキプフェルもあったし、お菓子も並んでいた。当時この界隈はブルジョワや外国人が多く行き来する場所であり、その高級なイメージも手伝って、店の評判はたちまちパリに広がった。

クロワッサンとは三日月という意味である。どうして三日月形をしているかというと、これにはわけがある。一六八三年、オスマン・トルコ軍によってウィーンが包囲された際、トンネルを掘って攻めてくる音を聞いたパン職人が、いち早く政府に知らせたため、ウィーン軍はその奇襲を阻止することができたからだ。これを記念してパン職人は政府から、トルコ軍の旗に描かれた三日月をかたどったパンを作ることを許可されたのである。

ブーランジュリー・ヴィエノワーズは、一八四八年の二月革命がきっかけでオーナーがパリを離れ閉店してしまったが、ヴィエノワズリーという言葉は、ブーランジュリーとヴィエノワーズ（ウィーンのという意味）が合成してできたものとされている。

recipe

クロワッサン

Croissant

材料と作り方（40g × 7個分）

薄力粉	60g
強力粉	140g
インスタントドライイースト	3g
塩	4g
砂糖	25g
バター	6g
水（常温）	約50cc
牛乳（常温）	50cc
バター	100g
全卵（塗り卵用）	1個

準備

◆バターは室温に戻し、柔らかくしておく。
◆粉類は合わせてふるっておく。

①ボウルに粉類を入れ、ドライイースト、砂糖、塩を入れてさっと混ぜる。

②柔らかくしたバター6gをもみほぐしながら、粉類と混ぜる。

③水と牛乳の量を調整しながら加え、まとめたら少しこね、オイル（分量外）を薄く敷いたボウルに入れて、ラップを被せ、温かい場所で2倍の大きさになるまで発酵させる。ガスを抜いてビニール袋などに入れ、1時間冷蔵庫に入れて、再びガスを抜き、さらに30分ほど冷蔵庫で休ませる。

④長方形にのばして、3分の2まで100gのバターを塗り、残り3分の1の生地を塗ったバターの上に重ね、その上にバターを塗った残りの生地を被せる。（ここで三つ折り1回）

⑤再び長方形にのばし、三つ折りを1回行う。

⑥⑤を冷凍庫に30分、冷蔵庫に1時間入れ、三つ折りを今度は2回行う。

⑦さらに冷凍庫に30分、冷蔵庫に1時間入れた後、3mmの厚さにのばし、高さ18cm、底辺10cmの二等辺三角形にカットする。

⑧底辺の中心に切り込みを入れて巻いていき、巻き終わりを下にして、オーブンペーパーの上に置き、ラップなどをかけて温かい場所で2倍の大きさになるまで発酵させる。

⑨全卵を溶いたものを塗り、200℃に予熱したオーブンで18分焼く。

王の菜園とジャガイモ

ルイ十五世治世下では、王妃マリー・レクザンスカの女官長が毎晩のように食事会を設けていた。ヴェルサイユには、千人を超える人が生活しており、屋根裏部屋や別館の大共同棟のほか、二二六の住居があった。住居のカテゴリーは階級によって決まっており、キッチンは高貴な家柄の居室にこそ備わっていたが、普通の女官の住まいにはなかった。彼女たちは、その女官長の食事会の招待を受けることを期待するか、閣僚や国王付き給仕長、王妃付き給仕長の主催する食事会か、貴族たちが主催する食事会の間を渡り歩きながら生活していたのである。

そのような宮廷の食事会では、競って新しい料理やお菓子が披露されていた。それらは先代の王ルイ十四世が率先して造園を試みた、ヴェルサイユの菜園から収穫される食材から考案されたものが多かった。

菜園のことをフランス語でポタジェ（Potager）というが、これは中世に自給自足する修道院の庭で、ポタージュ用の野菜を栽培したことに由来している。王の菜園はヴェルサイユ宮殿の外側に位置し、ルイ十四世がいつでも自分の好みの野菜や果物が食べられるようにと、庭師のラ・カンティニーに命じて造らせた菜園である。王自身も造園中は自らステッキを持って、菜園の形や並びを指示するほど熱心だった。
ラ・カンティニーは、七年かけて菜園を完成させ、十二月にアスパラガスを、三月にイチゴを、六月にメロンとイチジクを収穫してほしいとの王の願いを叶えた。温室を作り、堆肥を工夫し、ピエス・ドー・デ・スイス（Pièce d'eau des suisses）と呼ばれる人工池を隣接する土地に造らせて、畑への灌水《かんすい》と景観の両方で功を奏したのである。菜園では、王の大好物であったトリュフやきのこの栽培はできなかったが、当時外国から入ってきた珍しい野菜を栽培できた。カリフラワー、キャベツ、アーティチョーク、ホウレンソウ、インゲンマメ、ナス、トマト、そしてグリーン・ピースなどである。特にグリーン・ピースは、当時宮廷でもてはやされた野菜の一つであった。

このようにして、外国由来の野菜の栽培はフランス人の食卓を潤すことになる。しかし、唯一彼らに敬遠されていた野菜がある。ジャガイモだ。その形や色を気味悪がって、誰も口にするものがいなかった。そんな中、七年戦争（一七五六—一七六三）の際、ドイツで捕虜になっていたオーギュスタン・パルマンティエという人物が、ジャガイモを知り、食糧難に備えてフランスでもぜひ栽培すべきだと学者や著名人、国王に訴える。それは大地のリンゴ「Pomme de terre」というしゃれた名前を付けられ、ルイ十六世も、ジャガイモの花をアントワネットの髪に飾りながら、その普及に努めた。

現在、フランス人が大好きなポム・フリット（フライド・ポテト）を食べられるのは、パルマンティエをはじめとする彼らの努力のおかげである。フランスの惣菜に、「アッシ・パルマンティエ」など、彼の名前を冠した料理があるが、それらはジャガイモを使った料理であると付け加えておこう。

ノストラダムスのジャムレシピ

この時代、料理やお菓子のバリエーションが増えた理由に、料理書が普及したことがある。

フランス料理や菓子は中世にはあまり発達していなかったが、十七世紀頃から諸外国の料理や食材を取り入れ、それらを再構築して自国の料理として確立させてきた。それに貢献したのが、十七世紀から十八世紀にかけて活躍し、料理本を執筆した料理人たちである。それらの本には、すでに現代の料理や菓子の基礎になるレシピも多く見られ、しばしば感銘を受ける。

ルイ十四世の料理人だったニコラ・ド・ボンヌファンは、一六五一年出版の『フランスの庭園師』と一六五四年出版の『田園の楽しみ』の中で、果樹栽培やジャム作り、果物のパイなどについて述べている。当初貴重だった砂糖は、薬のような存在で薬剤師の領域で

ディドロとダランベール『百科全書』より厨房の様子、1771年

あったが、上層階級の間で扱われるようになると、フルーツを砂糖で加工する作業が広がった。ジャム製造職人（confiturier）という言葉ができたのも、十七世紀半ばである。それまでは、乾燥させてフルーツを保存していたが、砂糖の登場でその保存法が増えたわけである。

ノストラダムスは、自身の著書『予言集』の第二部に、ジャムと砂糖漬けフルーツの製法を掲載した。しかし、フルーツの量に対し砂糖の割合が大変少なく、三分の一程度というレシピから考えると、当時まだ砂糖は貴重なものだったと考えられる。これらのレシピは、王侯貴族のお抱え料理人のために考案された。

さて、ニコラ・ド・ボンヌファンの著書にある庭園や田園などのタイトルを見ると、田舎暮らしや町民向けの本の印象を受けるが、なぜ国王の従者だった彼がこのような本を出版したのだろうか。実は、彼は四分の一勤務者であったのだ。一年のうち三か月はヴェルサイユで暮らし、その他は故郷で暮らしていたのである。この本の中は、このタイトルにはあまり関係なく、パリのブルジョワ層（医者、弁護士、豪商など、そこそこの金持ちをいう）の夫人の紹介もある。当時のパリの家庭では、自宅でパン生地をこねて、パン屋に持っていって焼いてもらうのが常であったので、配合やこね方が記載されている。

一六五一年には、ブルゴーニュ地方の公爵の料理人だったラ・ヴァレンヌが『フランスの料理人』』、一六五五年には『フランスの菓子職人』を刊行する。彼が『フランスの菓子職人』を執筆したのは、パティスリー＝パテ職人という中世の概念から、まだ完全に切り離されていなかったからである。

中世ではパティスリー（pâtisserie）という言葉は、パート（pâte）、つまり生地を扱い、肉やチーズのパテなどを作っている職業を指し、菓子類はブーランジュリーで作られていた。しかし、一四四〇年、シャルル七世の治世において、菓子類はブーランジュリーではなく、パティスリーで作ることが定められる。一方、道端で売っていた中世を代表する菓子、ウーブリ（現在のワッフルの前身で、二枚の鉄の板に挟んで生地を焼くお菓子）、パン・デピス、エショデ（一度ゆでてから焼く菓子）などは、その範疇《はんちゅう》ではなかった。しかし、一五六六年のシャルル九世の勅許状により、ウーブリ職人たちもパティシエとして一つの組合にまとめられたのである。

ラ・ヴァレンヌは自著の中で、ミルフィーユの作り方を述べている。要するに十七世紀にはすでに折パイ生地の製法が確立されていたのである。またこの時期には、上流階級には砂糖が普及しており、温度によってシロップの状態が変化していくことも知られていたので、砂糖の温度変化によって作られるキャラメルやプラリネ、マロン・グラッセなども作られていた。

アントワネットの時代、つまり十八世紀になると、料理研究家ジョゼフ・ムノンが登場する。ノルマンディー出身のこの料理人は、「先達の偉業を尊重し、新しい料理を発展させるのも良いが、昔からのやり方を参考にすることを無駄とは思わない。それは基礎になるから」と、論じている。というのは、十七、十八世紀は多くの料理書が出版され、著者たちは他の本の内容を軽蔑する傾向にあったからである。当時料理界でそれほど熱い戦いが繰り広げられていた証拠でもある。

ムノンは、一七四六年に『ブルジョワの女料理人』を出版し、料理と菓子の大衆化に貢献した。この料理書は、市民階級とそれまで評価されていなかった女性たちに向けて記された、簡略化した実用的なレシピ集であった。衰退した王政下で台頭してきたブルジョワ階級の人々も満足する料理書であったため、十九世紀になっても重版され続け、大ベストセラーとなった。

一方、一七五五年出版の『宮廷の夜食』は、手が込んだ宮廷料理を中心に紹介している。しかし、これらのレシピをブルジョワ階級が真似て普及させると、王侯貴族は、さらにまた新しい料理を作り出す展開になっていく。

ここでは、そんなムノンのレシピ本にある中世から人気のデザート「ブラン・マンジェ」を紹介しよう。これはルイ十四世が人生の後半に秘密結婚した、マントノン夫人のお気に入りのデザートでもあった。

ブラン・マンジェはアーモンドをふんだんに使う。アーモンドの木は西アジアが原産で、その後、地中海や中央アジア、北アフリカに広がり、文明発祥から食されてきた。その実は栄養価が高く保存がきくと重宝され、砂糖菓子やその後のヨーロッパのお菓子に多用されたのである。また、アーモンドを粉砕して水に抽出すれば、アーモンドミルクと呼ばれる白い液体になり、牛乳やクリームの代わりに使えた。これは肉や乳製品を摂らない断食の時期によく食されていた。

recipe

ブラン・マンジェ

Blanc-manger

材料と作り方（グラスまたは型2〜3杯分）

アーモンド……100g
水……100cc
牛乳……100cc
生クリーム……50cc
グラニュー糖……25g
粉ゼラチン……4g

準備

◆オーブンは160℃に予熱しておく。
◆アーモンドは、160℃のオーブンで15分グリルして粉砕しておく。
◆粉ゼラチンは水でふやかす。

①粉砕したアーモンドと水、牛乳を混ぜて、3時間置く。
②①を布などで漉し、グラニュー糖を入れて沸かす。
③粗熱が取れたら、ふやかした粉ゼラチンを入れる。
④生クリームを入れて八分立てにする。
⑤③を氷水で冷やして、とろみがつき始めたら、④の立てた生クリームを混ぜる。
⑥グラスまたは型に注いで、冷やし固める。
◆18世紀のレシピではアーモンドはグリルせず、水に浸してから漉して使用。

社交界の特権、サロン

フランスにおけるサロンの発祥は、十七世紀、ランブイエ侯爵夫人カトリーヌ・ド・ヴィヴォンヌが、当時の王、アンリ四世との宮廷での時間があまりにも味気ないと感じたことに始まる。

夫人は自宅に知識人たちを招いて会話を楽しむようになった。リシュリュー卿やコルネイユ、バッキンガム公爵を招き、才気あふれる会話で相手をした。その後、サロンは宮廷や貴族の館で行われるようになり、啓蒙思想家や作家、アーティスト、文化人、そして学者などが、知的な会話を楽しんだ。主催者は女性であることが多かった。

ランブイエ侯爵夫人のサロンを引き継いだのが、サブレ侯爵夫人である。ルイ十三世の家庭教師を父に持つ彼女は、パリで文学サロンを開き、鋭い人間観察の格言を多く残したことでも知られている。このサロンに出入りしていた貴族の中に、作家のラ・ロシュフコーもいた。またサブレ侯爵夫人は、甘い物好きでも知られており、ジャムや砂糖漬けを自ら作っていた。クッキーのサブレという名前は、サブレ侯爵夫人の名前からきているともいわれている。

ヴェルサイユ宮殿で開かれていたものは主に文学サロンで、主催者にはポンパドール夫人のほか、一六七八年に出版された恋愛心理小説の祖、『クレーヴの奥方』の著者であり、ルイ十三世妃アンヌ・ドートリッシュに仕えたラ・ファイエット夫人がいる。

十九世紀になると、俗にトゥ・パリ（Tout Paris）と呼ばれる政治家や芸術家などの名士たちが、十名から三十名ほどブルジョワの館に集まり、音楽や芝居、歌や朗読が行われた。夜会には一〇〇名に及ぶダンスパーティーも催されていた。

彼らは政治やアート、カルチャーや社会について会話を楽しむようになった。パリでサロンが開かれた地域は、主に四か所あり、招待された人たちの社会的地位や職業が異なる。

＊フォーブル・サン・ジェルマン（貴族階級、エリート）

＊フォーブル・サントノレ（リベラル派のエリート）

＊ショセ・ダンタン（グラン・ブルジョワ＝銀行家、医者、弁護士）

＊ル・マレ（没落貴族）

社交界の特権的なサロンは人との交流の場でもあり、キャリアにも影響する重要な場所でもあった。しかも招待されなければ、仲間には入れなかったのである。

パリでの開催時期は、十二月から四月の冬から春であった。このほかの季節は、地方のVille d'eau（水の町）と呼ばれる温泉のある地域に彼らが所有するお城や館で、避暑も兼ねて開催された。たとえば、オーヴェルニュ地方のヴィシーなどである。ここはナポレオン三世が建てた瀟洒《しょうしゃ》な温泉の建物が今でも残っている。ヴィシーは、セレスタンという少し塩味のする温泉水が有名である。

サロンでは、だいたい午後四時に、お茶とお菓子が提供されていた。女主人たちはプティ・フールや生菓子など、競って有名店のお菓子をふるまったのである。

recipe

サブレ

Sablé

材料と作り方（直径4cm×約18個分）

バター	55g
粉糖	35g
全卵	12g
卵黄	5g
薄力粉	83g
ベーキングパウダー	2g
レモンの皮（すりおろし）	1/2個分
バニラオイル	少々

準備

- オーブンは180℃に予熱しておく。
- 薄力粉とベーキングパウダーは、合わせてふるっておく。
- バター、卵類は常温にしておく。

①バターを柔らかくして、粉糖を少しずつ混ぜる。
②卵黄を混ぜ、溶いた全卵を少しずつ混ぜる。
③レモンの皮のすりおろし、バニラオイルを混ぜる。
④ふるっておいた粉類を混ぜる。
⑤12gくらいを目安に手で生地を丸めて、天板に敷いたオーブンペーパーの上に並べ、手のひらで直径4cmくらいにつぶして、フォークで筋をつける。
⑥180℃のオーブンで15分焼く。

空腹が生んだアフタヌーンティー

ところで、イギリスの伝統であるアフタヌーンティーも、女性限定のサロンといえよう。アフタヌーンティーの発祥は、一八四〇年頃、七代目ベッドフォード公爵フランシス・ラッセルの妻、アンナ・マリア・ラッセルが始めたといわれている。この頃のイギリス上流階級の女性は九時頃朝食を摂り、お昼は摂らず、観劇やオペラ・バレエ鑑賞などをした後、夕食という生活を送っていた。このような社交上の理由に加え、ランプなどの普及により、夕食の時間が遅くなっていったのである。

空腹に耐えかねたアンナ夫人は、パンやお菓子をお茶と一緒に食べて紛らわせていたそうだが、個人的に楽しんでいたこのお茶の時間に、親しい女性たちを招いたことからアフタヌーンティーの習慣ができた。

アフタヌーンティーといえば、三段重ねのスタンドに、下からサンドイッチ、スコーン、そしてお菓子が盛り付けてあるが、元々貴族の応接間で開催されており、その狭いテーブルを活用できるようにと三段重ねのスタンドが考案された。サンドイッチは、きゅうりのみを挟んだものが伝統的だが、当時きゅうりは貴重だったため、富を表す素材でもあった。薄切りにしたきゅうりに塩をふってしばらく置き、きゅうりから出た水分をふき取ってパンに挟むと、舌触りの良い美味しいサンドイッチができる。

第四章　プチ・トリアノンで生まれたお菓子

王妃の宝物

一七七四年四月、狩りに出かけていたルイ十五世は悪寒を覚え、ヴェルサイユに引き返した。すると顔に赤い斑点が現れ、天然痘だと診断された。助からないことを知った王は、寵姫デュ・バリー夫人を宮殿から立ち退かせ告解を行ったが、祈りは届かず六十四歳でこの世を去ったのである。このとき、正妻、マリー・レクザンスカはもう世にいなかった。彼女は、ルイ十五世より七つ年上で、一七六八年に亡くなっていた。

ルイ十五世の在位期間に、二人の男子の長男ルイ・フェルディナンと次男フィリップはすでに他界していた。ルイ・フェルディナンの長男、次男も亡くなっており、三男であった王太子ルイ・オーギュストが、自分の意思とは無関係にルイ十六世として即位したのは、運命としかいいようがない。ルイ十六世の戴冠式は翌年、歴代の王と同様、シャンパーニュ地方にあるランス大聖堂で行われた。このときルイ十六世は二十歳、王妃となったアントワネットは弱冠十九歳であった。この行事はルイ十六世の人生の中でも、最も贅を尽くした式典ではあったが、彼が王として最初に発した言葉は、「神よ守りたまえ、このように若くして国を治める私たちを！」であった。

ランスといえば、「ビスキュイ・ド・ランス」が有名だ。十七世紀に作られたといわれ、ほんのりピンク色をした長方形の焼き菓子である。当初は、赤ワインを混ぜていたともいわれている。ビスキュイは、Biscuitと綴るが、bis＝二度、cuit＝焼けたというわけで「二度焼けた」という意味である。かつてのビスキュイは、窯で焼いた後、予熱でさらに火を入れて完成させていたので、このような名称になった。

このビスキュイは、これも地元の名産、シャンパーニュに浸して食べることが多い。ルイ十六世の戴冠式の宴会でも、シャンパーニュはふるまわれたことだろう。そして、もれなくこのビスキュイが添えられていたと思われる。

recipe

ビスキュイ・ド・ランス

Biscuit de Reims

材料と作り方
（6.5cm × 4cmの長方形型12個分）

卵黄	2個分
グラニュー糖	90g
卵白	2個分
薄力粉	80g
赤ワイン	25cc

準備

◆オーブンは180℃に予熱しておく。
◆薄力粉はふるっておく。
◆型に薄くバターを塗り、粉糖をふって余分な粉糖を落とす（いずれも分量外）。

①ボウルに卵白を入れて少し立て、グラニュー糖を少しずつ混ぜながらしっかり立てる。
②卵黄を混ぜる。
③ふるっておいた薄力粉を混ぜる。
④赤ワインを混ぜ、型に詰める。平らにして、グラニュー糖（分量外）を表面にふり、1分置いてもう一度ふってから、180℃のオーブンで15分焼く。

ルイ十五世が亡くなると、アントワネットは彼女の代名詞となるほどの宝物を手に入れる。そう、プチ・トリアノンである。現在、多くの観光客はヴェルサイユを訪れると、必ずといっていいほど、プチ・トリアノンを目指す。確かにそこはアントワネットが愛した館であったが、実際彼女が過ごした期間は、その館を手に入れてから革命までのわずかな間であった。革命時に多くの家具が売られ、行先もわからないものが多い。したがって現在の空間は、ヴェルサイユの学芸員の努力によって、過去の資料を参考に再構築されたものである。

プチ・トリアノンは、ルイ十五世の最初の寵姫ポンパドール夫人の提案によって建設が始められた、ルイ十五世のための館であった。しかし、完成したのは、六年後の一七六八年である。すでにポンパドール夫人は亡くなり、結局新築の館を最初に使ったのは、後継の寵姫、デュ・バリー夫人であった。

実際訪れるとその外観は、宮殿に比べ実にシンプルである。記憶に残るのは、正面のコリント式の円柱だ。この館は古代への回帰をモチーフにした代表的なネオ・クラシック（新古典主義）様式であり、当時の建築の流れの一つであった。そんな流行と共にありたいと願ったアントワネットは、この館を自分のものにしたいと思うようになる。

その夢が叶ったのは一七七四年であった。ルイ十六世が「あなたは花が好きだという。

王妃の村里（アモー）

オベルカンフ工場、トワル・ド・ジュイ、1783年、メトロポリタン美術館。布の染色や乾燥などの製造工程が描かれている

私から花束を贈ります。それは、プチ・トリアノンです」との言葉を添えて、プチ・トリアノンの鍵をアントワネットにプレゼントしたのである。その鍵には、五三一個のダイヤモンドが付いていた。

内部には、宮殿で仕込んだ料理を温める台所や食堂、客間や控えの間、ビリヤードの間、図書室、そしてサービスの間がある。現在サービスの間には、アントワネットとルイ十五世が使用した銀食器が飾ってある。そしてアントワネットのプライベートの部屋が三つ。衣装の間と寝室、そしてブドワールと呼ばれる小部屋だ。元々ルイ十五世が自らコーヒーを淹れて、近しい人たちをもてなしていた部屋だというが、アントワネットはそこを改装して、鏡を移動させ窓を覆うことができるようにした。窓を隠して内部を見えないようにするこの発想が、一層人々の想像力をかき立て、一時は物議を醸しだした。

トワル・ド・ジュイ

アントワネットは格式ばった内装を、クリーム色やピンク、ブルーというフェミニンな色調に変え、ロココ様式の最高峰を完成させる。宮殿から一キロメートル離れたこの隠れ家で過ごすのは、日常のわずらわしさから抜け出せる夢のような時間であり、一緒に過ごす相手も、彼女のお気に入りのみであった。その取り巻きの一人に、ジュール・ド・ポリニャック夫人がいた。夫人とは、一七七五年の宮廷舞踏会の際に出会う。その美貌、優雅なふるまい、完璧なスタイルにアントワネットは一目ぼれし、宮廷に招き入れようとする。しかし、夫人はそのような財力は持ち合わせていない、と素直に断わった。その大胆な慎ましさが王妃の同情心を引き、王妃の計らいで、彼女は子どもたちの教育係として宮廷やプチ・トリアノンに出入りするようになる。王妃は没落貴族のポリニャック家に、見境なく地位や年金を与え、予想外の出費を生むことになってしまう。一方、王妃と深い友情関係にあったランバル公妃との絆は、夫人の出現により徐々に薄まっていった。

ところで、プチ・トリアノンや王妃の私室の壁に、花や草木を女性的に描いたトワル・ド・ジュイ（Toile de Jouy）と呼ばれる生地が使用されているが、これもロココ時代を象徴するテキスタイルとして当時おおいに流行った。トワル・ド・ジュイは、元々インド更紗（コットンに天然染料でモチーフを描いた布）をもとにして、フランス風に仕立てた布である。

フランスのアジアとの貿易は、オランダやイギリスに遅れを取ったものの、一六六四年、ルイ十四世時代に東インド会社を再建し、特にインドからは、スパイスや綿織物を輸入していたのである。インドから輸入したスパイスは、主に胡椒、クローヴ、ショウガ、ナツメグなどで、食物を保存するために重宝されたほか、パン・デピスやクリスマス菓子、そしてショコラに加えられた。

ヴィジェ＝ルブラン《ポリニャック公爵夫人》1782年、ヴェルサイユ宮殿

一六九二年に、M・サン＝ディスディエなる人物によって出版されたレシピ本には、当時輸入されたスパイスについて知識が披露されており、ショコラのいくつかのレシピが書き残されている。その中に、シナモンのほか、クローヴやインディアン・ペッパー（チリ）を使用するものがある。彼はこれをスペイン風と呼んでいた。

インド更紗は十六世紀後半ばにマルセイユに上陸し、南仏、アルザス地方のミュルーズの工房で染色、仕立てが行われるようになった。それまでコットンという素材を知らなかったフランス人は、その心地よい肌触りや通気性の良い着心地に熱狂する。それまで国内で生産されていた絹やウール、麻などの織物産業衰退を危惧したルイ十四世は、一六八六年にインド更紗禁止令を発令し、その輸入、製造、販売を禁止してしまう。しかしそれでも人々は、闇で製造し、販売していたというほど、その人気は衰えなかった。

一七五九年に禁止令が解かれると、インド更紗の一層の発展を予感したスイス人銀行家により、ある職人がパリに招かれる。ミュルーズで腕を磨いていたクリストフ＝フィリップ・オベルカンフである。彼は、更紗作りに必要な水をピエーヴル川に求めて、その工房をヴェルサイユの近くの村、ジュイ＝アン＝ジョザス（Jouy-en-Josas）に設立する。

可愛らしいロココの世界感を描くオベルカンフのトワル・ド・ジュイを見て、アントワネットは「誰がこの布を作ったの？」と狂喜し、自らオベルカンフの工房にも出向き、部屋着や散歩着などを製作させた。その後、オベルカンフの工房は王立工房となる。トワル・ド・ジュイはこの地名に由来する。現在のパリ十一区のオベルカンフ通り（Rue Oberkampf）は、この布の技術者の名前が付けられた通りである。

植物園とフルーツコンポート

プチ・トリアノンの周囲には、広大な庭園が広がっていた。それはルイ十五世が築いた温室を備えた素晴らしいフランス式庭園だった。

十六世紀の大航海時代を経て、ヨーロッパに外国から珍しい植物が輸入されるようになると、植物学なるものを研究する者も現れる。金持ちの中には実験農場を設け、新しい植物の研究に没頭する者もいた。そして君主たちは、植物園の造園に財力を投入する。ルイ十五世も類に漏れず、世界一の植物園を造るように命じ、そこで花や野菜を育てていた。また、オランジュリーと呼ばれるオレンジの木のための温室を設置させて、いくつかの果物の試作をさせる。失敗を繰り返したものの、ついにオレンジ、イチゴ、イチジク、パイナップルなどの栽培に成功する。チリから取り寄せた白イチゴまで育てられるようになり、また寒気に弱いパイナップルさえも二種類の栽培を実現させた。

ルイ十五世は、イチゴとパイナップルには目がなく、パイナップルに至っては、画家ジャン＝バティスト・ウードリーにその姿を描かせている。その温室にはコーヒー好きのルイ十五世のために、コーヒーの木も植えられた。

オレンジの木は、春になると戸外に置かれ、秋にまた温室に取り込まれる。パリにモネの《睡蓮》を展示しているオランジュリー美術館があるが、かつてはチュイルリー宮殿のオランジュリーであった。

これらの果物を利用して王侯貴族の食卓を一層華やかにしたのが、砂糖を使ったフルーツのデザートである。この時期になると、植民地から運ばれるサトウキビを自国で製糖する技術も生まれ、王侯貴族のお抱え料理人は、ジャムやコンポート、ジュレ、シロップなど、フルーツと砂糖の様々なレシピ研究に余念がなかった。

お気に入りを招いてのティータイムでは、そんなオレンジを砂糖煮にして作ったお菓子もふるまわれていただろう。

recipe

ケーク・オ・オランジュ

Cake aux oranges

材料と作り方
(18×8×6cmのパウンド型1台分)

●生地

バター……100g
グラニュー糖……100g
全卵……2個
薄力粉……100g
ベーキングパウダー……2g
オレンジのコンポート(細かく切っておく)……100g
塩……ひとつまみ

●準備

◆オーブンは180℃に予熱しておく。
◆材料は、全て常温にしておく。
◆型にオーブンペーパーを敷き込んでおく。
◆薄力粉とベーキングパウダーは、合わせてふるっておく。

①ボウルに柔らかくしたバターを入れて、グラニュー糖、塩を混ぜる。
②溶いた全卵を10回ほどに分けて混ぜ、その都度乳化させる。
③ふるった粉類を加え混ぜる。
④オレンジのコンポートを混ぜ、パウンド型に生地を詰める。
⑤180℃のオーブンで40分焼く。

●オレンジのコンポート

オレンジ……2個
グラニュー糖……80～100g
水……160～200cc

①オレンジは、3回丸ごとゆでこぼし、皮の苦みを取り除く。
②太めの輪切りにする。
③鍋にグラニュー糖、水を入れて沸かし、グラニュー糖が溶けたら、スライスしたオレンジを入れ、白い皮の部分が透明になるまで煮る。

王妃の名において

アントワネットは、左右対称の幾何学的な構成のフランス式庭園は好まなかった。当時ルソーがその著書『新エロイーズ』で唱えていた「自然に帰るべし」という文言を読んでいたかどうかは別として、世間の風潮がそうであったように、なるべく自然のままの状態を表現するイギリス式庭園の造園を、スペシャリストたちに依頼する。それは、ルイ十五世が栽培させた当時貴重な植物や樹木も、全て取り払うという意味でもあった。

イギリス式庭園造りには多くの労働者たちが集められた。蛇行する小川や池にセーヌ川から二〇〇フィートもあるパイプで水が引かれ、人工島も造られる。岩山に穴が開けられ、恋人たちの洞窟が彫られた。洞窟のわきには滝が流れ、内部には苔を人工移植した。裏には秘密の階段が作られ、庭園の反対側に逃げられるようになっていた。

庭園の中央には、「愛の殿堂」と呼ばれるコリント様式の柱で支えられた建物があり、丘の上には、ベルヴェデーレと呼ばれる八角形の小さな東屋を造った。その周囲には、王妃の故郷、ウィーンのベルヴェデーレ宮殿にも置かれている四組のスフィンクス像を並べた。

庭園を含むプチ・トリアノンは、誰もが入れるわけではなかった。アントワネットは王妃の命において」という言葉を発し、彼女の許可がなければ、足を踏み入れることはできないようにした。そして従者たちは、彼女の実家のハプスブルク家の紋章の色の制服を着ていた。

気候が温暖な午後は、アントワネットはしばしばプチ・トリアノンで過ごしていた。第一王女が誕生してからは、夜もそこに宿泊するようになるが、王が一緒に滞在することはなく、王太子もグラン・トリアノンに寝に帰り、他の女官たちも夜はヴェルサイユ宮殿に帰っていた。泊まることができたのは、ポリニャック夫人と義妹のエリザベート内親王だけだったのである。そして、全くプチ・トリアノンにお呼びのかからない貴族たちは当然仕事がなく、その不満や怒りは募るばかりであった。

セーヴル焼きの流行

アントワネットはプチ・トリアノンで、しばしばお気に入りの客を招待して夕食を共にした。その数は最大四十名ほどである。その際使用されていたのは、セーヴル焼きと呼ばれる磁器の食器である。

セーヴル焼きは、元々マイセンの硬質磁器を目指して作られた。一七六六年にリモージュでカオリン鉱床が発見されたのをきっかけに、製造されるようになった。

その歴史は軟質磁器から始まる。柿右衛門風の写しを施していたデュボワ兄弟が、一七三八年の当時の財務官の勧めでパリのヴァンセンヌにアトリエを移す。王侯貴族のための磁器を製造したが、その作品は受け入れられなかった。

次に工房に送られたのは、フランソワ・グラヴァンという職人である。彼は新たな磁器製作に取りかかったが、その作品はおおいに気に入られた。ルイ十五世やその寵姫ポンパドール夫人の支援を受け、セーヴルの町に工房を設立し、王立セーヴル磁器製作所となった。当時製作された磁器の中でも、最も人気だった色は、中国の色彩と塗り方を真似た「ポンパドールのバラ色」と呼ばれるものだった。その色配合は、当時の科学アカデミー総裁が管理していたため、その人物亡き後は、後世に伝わることはなかった。

硬質磁器として現在ヴェルサイユ宮殿にわずかに残っている食器は、アントワネットの時代のもので、ルイ十五世のときから受け継いだロココ調のモチーフのものである。

アントワネットがプチ・トリアノンでの会食用に注文したセーヴル焼きの食器は、一七八二年に納められた。そのモチーフは、白を基調色とする真珠と矢車菊で、当時王妃が大変気に入っていたものである。金と二本の黄緑色のラインで縁どられ、そのラインの中に、真珠が数珠つなぎに描かれている。そしてその二本のラインの間と中央に青い矢車菊が配置されている。食器の種類は、平皿、ポタージュ皿、サラダボウル、ワインクーラー、リ

ジャン=クロード・シャンベラン・デュプレシス、ポプリ花瓶、1758年、メトロポリタン美術館

王妃が実際に使っていた器のデザインの復刻版、現在はリモージュ焼き

キュールクーラー、エッグスタンド、マスタードポット、そして塩入れなど、総数二九五点とかなりの数に及ぶ。一つ一つが大変高価な上、王妃は完成を急いだので、絵付け職人たちを超過労働させることとなり、製作費も莫大なものとなった。

ファッションと同様、アントワネットの好んだセーヴル焼きのこのモチーフは、ちょっとしたブームを巻きおこし、義妹のプロヴァンス伯爵夫人やアルトワ伯爵夫人も類似の食器セットを注文した。

また、ルイ十六世もフランスと友好国にあったスウェーデンのグスタフ三世に贈るために、金の彩色を多く取り入れた真珠と矢車菊の二三七点のセットを作らせると、同じものをアントワネットも手に入れた。するとルイ十六世の末弟のアルトワ伯爵夫人も、同じセットを一七八九年六月に購入した。しかしその後革命が起こり、アルトワ伯爵夫妻は逃亡する。セットが使われることはないまま、支払いは一七九一年まで続いたという。

これらのセーヴル磁器は、フランス革命によりそのほとんどが失われてしまった。かろうじて残った七十五点ほどが、ヴェルサイユ宮殿のアントワネットの私室のサイドボードに展示されており、ガイドツアーで見学できる。

アントワネットがプチ・トリアノンで使用していたセーヴル磁器に、多葉型の皿というのがある。底が少しくぼみ、縁が花のように開いた皿だ。今回は、皿のモチーフにもなっている矢車菊のドライフラワーを散らしてみた。

recipe

ウッフ・ア・ラ・ネイジュ

Oeufs à la neige

材料と作り方(6人分)

●メレンゲ

卵白……3個
グラニュー糖……30g
牛乳……250g

①ボウルに卵白を入れ、グラニュー糖を数回に分けて加えメレンゲを作る。
②縁の広い鍋に牛乳を入れて沸かす。
③②の中に、①をスプーンですくって入れる。2分ほど火を通す。網じゃくしで、これをすくい取り、布巾の上に広げ水気を切る。

●クレーム・アングレーズ

卵黄……2個
グラニュー糖……50g
牛乳……200cc

①鍋に卵黄をほぐし、グラニュー糖を加えてすり混ぜ、牛乳を加える。
②中火で絶えず木べらなどでかき混ぜながら火を入れ、だんだん弱火にしてとろみをつける。
③清潔なボウルに移し、氷水を当てながら冷ます。
④お皿にクレーム・アングレーズを流し、メレンゲをのせる。あればスミレの花の砂糖漬けなどを飾る(写真は矢車菊を乾燥させたものを散らしている)。

シュー菓子　――四人の子ども――

プチ・トリアノンを手に入れた四年後の一七七八年、アントワネットは、結婚七年目にしてやっと第一子を出産する。マリー・テレーズと名付けられた女の子である。名前は母テレジアに由来する。宮廷では、マダム・ロワイヤルという称号で呼ばれていた。

一方、母テレジアは、アントワネットの行く末を案じながらも、一七八〇年に崩御する。テレジアの夢、それはフランス王となる孫の誕生だった。だがその姿を見ることは叶わなかった。しかし、悲劇的な娘の最後を永遠に知ることなく、この世を去ったというのは、唯一の救いであったかもしれない。

その待望の男子が生まれたのは、母の死の翌年、一七八一年であった。王太子ルイ・ジョゼフである。最初の出産は、全王室、全高位高官の立ち合いの元に行われる公開出産であったが、アントワネットはこれを嫌い、第二子からは王家の規則であったこのスタイルを変え、身内での出産を果たす。しかし、ルイ・ジョゼフは背骨が曲がるようになり、最後は歩くこともできず、重い骨結核により、革命勃発の年の一七八九年に七歳でこの世を去る。

一七八五年には、三人目の子どもである第二王子、ルイ・シャルル（のちのルイ十七世）を出産する。アントワネットは「シュー・ダムール」（Chou d'amour）と呼び、生涯可愛がっ

アドルフ・ウルリク・ヴェルトミュラー《マリー・アントワネットと子どもたち》1786年ごろ、スウェーデン国立美術館

た。ルイ・シャルルの呼び名である、シュー・ダムールのシューとは、キャベツという意味であるが、そこから転じてお菓子の名前にもなっている。アントワネットの生きた十八世紀には、現代のような形のシュー菓子のバリエーションは存在していなかったが、作り方が似ている大型のシューが作られていた。

シューはイタリアが起源で、カトリーヌ・ド・メディシスがアンリ二世に輿入れしたときに、ポプリーニ（popelini）として伝えられた。ポプリーニはカトリーヌ・ド・メディシスのお抱え職人の名前から由来したという説もある。フランスでは最初はポプラン（popelin）、そしてププラン（poupelain）と呼ばれるようになった。

その製法は今とは異なるが、十八世紀にはほぼ現代のシュー菓子と同じ作り方になっている。当時のものは大型だった。大きな器や鍋に生地を流して焼き、焼きあがったら横に半分に切って中にバターやジャムを塗り、砂糖をかけ、焼きごてでキャラメリゼさせる製法だった。

料理やデザートを一斉にテーブルに供するフランス式サービスだった時代、お菓子も大型で装飾菓子の要素を必要としたので、このような形になった。しかし時を過ぎ、それをスプーンですくって天板に並べ、小型のシューを作ることが考案される。アントワネットが取り巻きたちとプライベートルームで頬張るのには、うってつけのお菓子だった。

recipe

プティ・シュー

Petits choux

材料と作り方（約12個分）

水……60cc
牛乳……60cc
バター……50g
塩、グラニュー糖……それぞれひとつまみ
強力粉……65g
全卵……約2個
好みのジャム……適量

●準備

◆オーブンは200℃に予熱しておく。

①鍋に水、牛乳、バター、塩、グラニュー糖を入れ、沸かしてバターを溶かして一度沸騰させる。

②火から下ろして、強力粉を一度に加え木べらで混ぜ、再び火にかけて水分を飛ばす。

③ほぐした全卵を少しずつ②に混ぜ、木べらからゆっくり落ちる硬さにする。

④天板にオーブンペーパーを置き、その上に③をスプーンですくって生地を落とす。

⑤水をつけたスプーンの背で表面を整え、オーブンで15～20分焼く。

⑥焼きあがったら横に切り、好みのジャムを塗る。上の生地を被せ、表面にグラニュー糖（分量外）をふりかけ、焼きごてなどで焼き色をつける。

お気に入りのフロマージュ・グラッセ

一七八三年、アントワネットは、プチ・トリアノンの最終段階の大きな改造に取りかかった。愛の殿堂の向こう側、ヴェルサイユ宮殿から二キロメートル離れた場所に、全く現実離れした理想郷を作らせたのである。アモー（Hameau）と呼ばれる小集落である。これは実は、アントワネットのアイデアではなかった。当時、ルソーなどの啓蒙思想家が唱えていた「自然への回帰」を元に、模擬村を造ることが王侯貴族の間ではちょっとした流行で、彼女もそれにならったのである。王妃はこのアモーで、子どもたちを自然に触れさせて育てたいと願った。すでにコンデ公やオルレアン公、義理の妹、プロヴァンス伯妃も独自のアモーを所持していた。村には、藁ぶき屋根の農家、水車、家畜小屋、酪農場などが建てられた。それらはわざと古びて荒廃した様子を演出しているが、建物の中は外観とはうってかわって豪華な内装だった。

王妃のアモーはノルマンディー風と決まり、八軒の小屋が建てられた。その大規模工事は二年に及んだが、最大の難関は、大量の水を引かねばならぬ池の掘削だった。そこからまた二本の小川を掘り出す作業は、ただでさえ水不足のヴェルサイユでは大工事となった。池のほとりの人工岩の上には、八角形のマールボロと呼ばれる塔が立ち、円形のバルコニーからは、ヴェルサイユ宮殿が見渡せる。そしてその下の池は、釣り場になっており、王妃たちが釣りを楽しめるようになっていた。池の完成時には、一二三四九匹の鯉と二十六匹のカワカマスが放たれた。

池の周りには水車小屋や、鳩小屋が建つ。鳩小屋では鶏を飼い、ここで獲れた卵がプチ・トリアノンに運ばれた。その裏には村の守衛、ジャン・ダーシーの小屋が立つ。実はアモーには地下道が通っており、不審な侵入者がいないか、彼が自分の小屋の地下から定期的に巡回することになっていた。

アモーの中心的存在である王妃の家は二階建てで、外側に設置された手すりの付いた廊下で二階同士がつながる二棟の建物で構成されている。一階には食堂があり、アントワネットは、親しい友人を招いて食事をしていた。隣の部屋にはビリヤード台が置かれている。

隣には、宮殿の調理場で用意させた料理を温めるレショワールと呼ばれる天井の高い小屋があり、ロースト用の暖炉や、複数の鍋を同時に温め直す大きな竈《かま》、広い調理台、リネンや銀食器をしまっておく収納棚も設置されていた。

王妃の家屋から少し離れた場所には、本物の農夫が住む小屋もあった。ヴァリー・ヴュサールというその農夫は、スイスのグリュイエール出身で、乳製品の加工法を知る人物だった。彼は、元々ショワズールという公爵の酪農責任者だったが、家族ともどもアモーのその小屋に住むことになる。ヴュサールはミルクやクリーム好きの王妃のために、アルプスやスイスから九頭の牛を取り寄せた。それらの牛から絞るミルクで乳製品を作り、プチ・トリアノンや宮殿にも届けた。また彼は、スイスから数頭の山羊も取り寄せ、山羊小屋も造った。その他、村落を見渡せば、羊、豚、ウサギ、鳩なども放たれ、庭師やモグラやネズミの捕獲人、草刈人、召し使い、洗濯女などが新たに雇われた。それぞれの小屋の周辺は、野菜畑や果物畑が広がっている。現在アモーを訪れても、実際、畑はそのままになっており、収穫もされている。集落は花々で満たされた。王妃は廊下や階段、窓辺に花を飾る壺を一二三二個、ロレーヌ地方のサン＝クレマン陶器製造所に注文した。

このノルマンディー風の模擬村では、王妃はもちろん自ら羊の毛を刈ったり、乳を絞ったりはしない。乳しぼり係が絞ったミルクは、王妃の頭文字が施されたセーヴル焼きの磁器ポットに入れられ、乳製品を仕込む酪農小屋に運ばれる。ミルクは、ルソーの『新エロイーズ』などにより、肉体と精神を休めてくれる理想の食べ物と考えられていたのだ。

アントワネットのミルクの飲み方は、そのものだけを飲むのではなく、大麦を抽出した水と合わせて飲むというものだった。また滋養に富むとされていたロバの乳も飲んでいたし、一七七六年からは、王妃付き筆頭医師の勧めにより、乳清とレタスを煎じた液体を混ぜて飲んでいた。

その小屋でチーズやクリームが製造され、アントワネットがこよなく愛したデザート「フロマージュ・グラッセ」が作られた。風邪を引いて、トリアノンで寝込んでいたとき、他の食べ物は一切受け付けなかったが、フロマージュ・グラッセだけは口にしたというほど好きだったと、当時の宮廷の様子を書き残したM.de Lescureの『秘密書簡』から読み取ることができる。

アントワネットは隣の乳製品試食小屋で、招いた友人たちとチーズやクリーム、フロマージュ・グラッセを味わっていた。その試食小屋の外観は、朽ちた農家のような構えであるが、内部は全て白大理石で覆われており、中央のテーブルや壁に取り付けられた台にも同じものが使われている。テーブルの下はゆるやかなカーブになっており、中央に排水溝が設置され、試飲したミルクなどを流せるようになっていた。小屋の周囲には水路が掘ってあり、小屋全体を冷やしていた。

『ルイ十六世時代のパリの暮らし』の中でフランソワ・コニュルは、そこでの王妃のふるまいを次のように回想している。

「王妃は、最初はお付きの女官と一緒だったが、彼女を帰らせて一人で酪農小屋のほうへ進んでいった。ローンのあっさりとしたドレスを着て、スカーフを巻き、レースの付いた帽子をかぶっている。質素ないでたちだが、ヴェルサイユで私たちが目にした堂々たるドレス姿のときよりも、さらに威厳があるように見えた。その歩き方は非常に独特で、足取りを感じさせず、比類なき気品にあふれ、滑るように進む。そして、私たちはそこで彼女を見ていたのだが、王妃は自分一人であると思われ、より毅然《きぜん》と頭を上げられた」

オーベルキルヒ男爵夫人が訪れた際には、牛乳だけでなく、クリームを入れるのにも使用されていた磁器セットとミルク樽《たる》などがだまし絵で描かれた食器が用意されていた。クレーム・シャンティーが大好きだった夫人は、次のように書き残している。

「十九日も馬車で、指定の時間に可愛らしいアモーへ行った。大きな藁ぶき屋根の家には、私たちのための朝食が用意されていた。こんなに美味しくて、食欲をそそり、凝ったクリームは初めてだった。保存されていた果物と旬の果物が一緒に盛られた皿があったが、周りを苔や小さな野花が囲んで、四隅には鳥の巣が飾られ、なんとも可愛らしい。戻ったら真似してみようと思い、この飾り付けを記憶しようとした」

アントワネットは、イチゴが大好きだった。男爵夫人が食べた生クリームには、イチゴが添えられていたのだ。イチゴとクリームの食べ方として、「クレーム・ド・フレイズ」というデザートも作られた。生クリームと砂糖を半量に煮詰めて、すりつぶしたイチゴを混ぜたら粗熱を取って容器に移し、氷で冷やし固めて食べていたのである。

ヴィジェ=ルブラン《モスリンのシュミーズ・ドレスの王妃マリー・アントワネット》
1783年、ヘッセンハウス財団

ルイ・メロー、ミルクカップとパンスタンド付きトレイ、1764年、メトロポリタン美術館

アドルフ・ウルリク・ヴェルトミュラー《王妃の側近であり、トリアノンの乳搾り女として働くマダム・オーキンの肖像》1787年、ストックホルム国立博物館

氷菓の大流行

アントワネットの大好物であった氷菓、フロマージュ・グラッセとはどのようなものだったのだろうか。「フロマージュ」とあるが、実際にはチーズは使用されておらず、チーズを製造する容器に入れて仕込まれたため、そうした名前になった。

作り方はいたってシンプルだが、当時貴重だった氷を使って冷やすデザートということで、珍しさもあって客人にもおおいに話題になった。

凍らせたデザート、ソルベ（シャーベット）らしきものは、すでに二千年前、ローマ帝国で作られていた。フルーツをつぶして蜂蜜とからめ、氷を混ぜたものが食べられていた。使われた氷は、アルプス山脈から雪を運び、藁《わら》や毛皮などで覆い、押し固めて深い井戸の中に保存されたものである。そして同時代、中国でもフルーツの汁を容器に入れ、氷と硝石を混ぜたもので覆って氷菓子が作られていたという。この作り方をマルコ・ポーロがイタリアへ持ち帰っていたかもしれない。

フランス人として初めて氷を見たのは、教皇パウルス三世の元に外交使節として送られた、フランソワ一世の医者だという。ピッチャーや水差し、瓶などを冷やすのに使っていた冷却用の容器もこの頃作られた。いずれにしても、十七世紀中ごろには、イタリアでは、

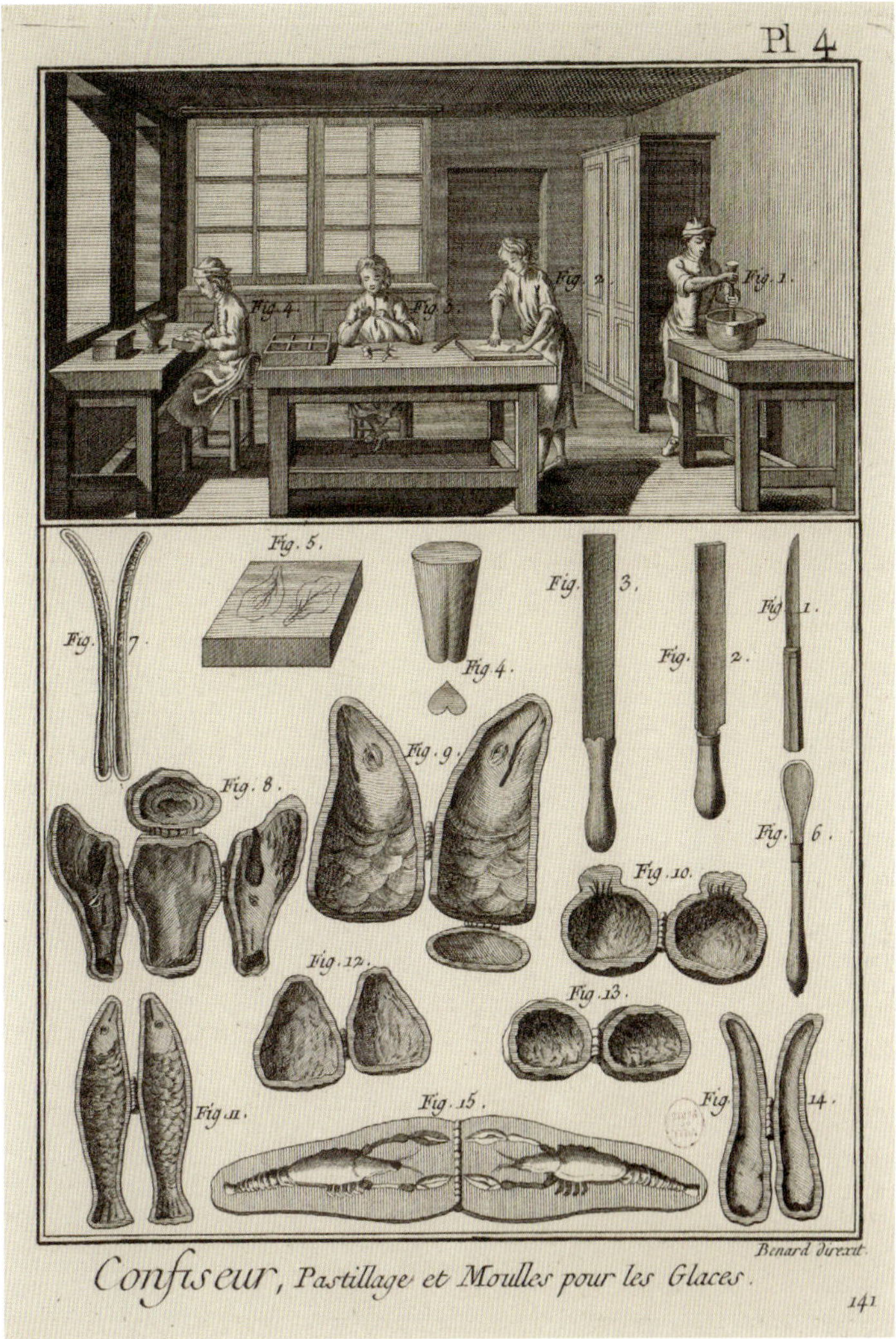

ディドロとダランベール『百科全書』より、職人、アイスクリーム用の道具と型、1771年

氷や雪に砂糖とフルーツのピュレを加えて作るソルベや、乳製品を加えたアイスクリームも作られるようになる。

フランスに氷菓をもたらしたのは、マカロン同様、十六世紀にイタリアから輿入れしたカトリーヌ・ド・メディシスといわれている。

そして一六八六年に、シチリアから来たプロコピオ・デイ・コルテーリが、パリでコーヒー店（プロコップ）を開店させ、メニューにシャーベットやアイスクリームを加えた。その種類は八十種類にも及んだ。その中には、クレーム・シャンティーを固めたものもあった。これはコルテーリがコンデ公の依頼で、シャンティー城の宴会を仕切った際に、同じ城で働く料理人ヴァテールが考案したものからヒントを得たものである。

氷菓はたちまちのうちに上流階級で流行する。そんな彼らと専属料理人のために、ムッシュー・エミーと呼ばれる人物が『氷菓を上手に作る技術』というレシピを書き残している。それによると、その風味としてショコラやコーヒーのほか、アボカド、アーティチョーク、アスパラガス、フォアグラ、チーズといった料理の食材も扱っていた。バニラも登場する。

現在ではアイスクリームのバニラ風味は一般的であるが、当時バニラはショコラ同様、スペイン人探検家たちが南米から持ち帰った、珍しい香辛料だったのである。エミーは食感にもこだわり、ライ麦のパンくずをふりかけたり、クッキーやボンボンを砕いて混ぜたりした。現在もパン・デピスなどを混ぜるアイスクリームもあるが、当時は画期的なレシピだったに違いない。

このレシピには、作り方や食べ方の記載もある。「とにかく時間をかけて材料を攪拌し続けることが美味しさにつながる。そして、アイスクリームを最高に美味しく食べるのであれば、夏に食べるべき」と書き残している。

卵黄が入った現在のアイスクリームに近い氷菓は、一七七四年頃、パリのカフェ・カヴォーで作られた。これがアントワネットも愛した「フロマージュ・グラッセ」と呼ばれたものである。

アントワネットが食したフロマージュ・グラッセは、アイスクリーム用のセーヴル焼きの食器に盛られた。それは深い器に数枚の皿が重なり、上にまたくぼみのある皿とそれを覆う蓋が付いている磁器である。底の皿と上のくぼみのある皿には、氷を入れて、中の数枚の皿を冷やす仕組みになっている。

氷はヴェルサイユ宮殿にあった三十メートル地下の氷室のものを使用していた。大水路やスイス人の池などから運んだ氷を氷室に詰め、さらに水を入れて凍らせ、木や石で覆って保存していた。

エティエンヌ・エヴァンス、蓋付き砂糖入れ、1772年、メトロポリタン美術館

ジャン・アルマン・ファロ、アイスクリームカップ用スタンドの一部、1771年、メトロポリタン美術館

セーヴル製作所、蓋付きアイスクーラー、1771年、メトロポリタン美術館

セーヴル製作所、アイスクリームカップ、18世紀、メトロポリタン美術館

recipe

フロマージュ・グラッセとバラの花のクリスタリゼ

Fromage glacé et pétales de rose cristallisés

材料と作り方(約8人分)

●フロマージュ・グラッセ

生クリーム……220cc
卵黄……2個
砂糖……55g
オレンジの花の水……大さじ1
(またはオレンジの皮のすりおろし……1/2個分)
レモンの皮(すりおろし)……1/2個分

①卵黄と砂糖を混ぜておく。
②生クリームを沸かして①に注ぎ、レモンの皮を入れ、再び鍋に戻して80℃までかき混ぜながら煮る。
③火から下ろして粗熱が取れたら、オレンジの花の水を加えて、冷やすために別の器に移しかえる。
④氷を入れた容器に③をつけて冷凍庫で冷やし、たびたびかき混ぜながらアイスクリームの状態にする。

●バラの花のクリスタリゼ

食用のバラの花びら……数枚
卵白……適量
グラニュー糖……適量

①バラの花びらの表面に、刷毛で卵白を塗って、グラニュー糖をまぶし、100℃に予熱したオーブンで30分乾燥させる。
②フロマージュ・グラッセの上に散らす。

◆18世紀の作り方では、氷に塩と硝石を入れるとある。というのは、16世紀ポルトガルではすでに、硝石にものを冷やす特性があることがわかっていたからだ。硝石に含まれる冷却作用は、その揮発性の高さが理由である。つまり蒸発するときに熱を奪い、冷却効果が生まれるのである。
◆イチゴ味のフロマージュ・グラッセも作られた。イチゴをつぶして、生クリームと砂糖を混ぜ、1時間置き、氷の容器につけて、時々かき混ぜながらアイスクリーム状にするものである。

花のお菓子

植物を愛するアントワネットは園芸が得意で、子どもたちにもその楽しさを教えていた。プチ・トリアノンの庭園やアモーに咲く草花を、香水やお菓子にして楽しんでいた。

特に王妃が愛したのがスミレとバラである。スミレを香水や化粧水に使い、ジャムやアイスクリームに忍ばせたり、香りをバターに移して味わったりした。花はサラダにも散らされた。ファッション同様、王妃はスミレを大流行させ、パリ近郊で栽培されたスミレが、パリの街でも売られるようになった。

アントワネットの調香師は、モンペリエで薬局と香水製造を営む家に生まれたジャン・ルイ・ファージョンであった。二十五歳にして香水と手袋製造者名人（Maitre Gantier Parfumeur）の称号を手にし、一七八六年にパリの近郊、ピュトーにバラを蒸留する香水工場を設立している。香水と手袋製造人が称号に連ねられているのは、当時は、手袋に香りを移していたからである。

パリの近郊といえば、シャンパーニュ地方に近い、中世の街並みを残すプロヴァンも、十七世紀からジャムなどの加工品を輸出していた。十三世紀、シャンパーニュ地方のティボー伯爵が十字軍遠征に参加し、バラの花を持ち帰ったことが始まりである。ここで栽培されるバラは、ローズ・フランセーズ（フランスのバラ）と呼ばれていた。現在もプロヴァン産のバラの花のジャムを手に入れることができる。

バラは、王妃の生活を至るところで演出していた。寝室や客間には常にバラの花が飾られたし、絵画にも登場する。有名なものは、一七八三年にヴィジェ＝ルブランが描いたバラを手に持つ王妃の肖像画である。これによって気高く優雅な王妃のイメージが定着した。

王妃付きのファッションデザイナー、ベルタン嬢は一七八二年、バラの造花を創作した。それは絹で作られたものであったが、トリアノンに飾ることで、蠟燭の熱でしぼんだ花を飾ることがなくなったのである。

バラの花は、蒸留してローズウォーターとして洗礼や手洗いに広く用いられていた。また、医薬品としても用いられ、主に胃痛や歯痛などに使われていた。その他シロップやジャムになり、ビスキュイやタルト、アイスクリームを彩るデコレーションにもなった。

ヴィジェ=ルブラン《薔薇を持つマリー・アントワネット》1783年、ヴェルサイユ宮殿

パリのブローニュの森に、シャトー・ド・バガテルという瀟洒なお城があるが、その庭には広大なバラ園とオランジュリーがある。バラ園では一二〇〇種ものバラが植えられ、現在も毎年バラの国際コンクールが催されている。

その城はアントワネットの義理の弟、アルトワ伯（のちのシャルル十世）が、自分のために購入していたものである。すでに老朽化していた城の改築に際し、ある賭けをしたのがアルトワ伯を伴って享楽的な生活をしていたアントワネットだ。アルトワ伯が、三か月で工事を終わらせると言い張ると、それは不可能だとアントワネットが賭けた逸話が残っている。改築にあたっては、建築家フランソワ・ジョゼフ・ベランジェにより、当時の最高の芸術家や人材、数百人の労働者が集められた。新古典主義様式のその建物は、結局六十七日で仕上がった。アントワネットはアルトワ伯との賭けに負けたのである。

一九八四年、そのバラ園の近くにあるオランジュリー・ド・バガテルで、天才料理人アントナン・カレームの生誕二〇〇年を祝うイベントが催された。様々なパーツを豪華に積み重ねたピエス・モンテをはじめ、世界の要人たちに捧げられたパティスリーの芸術が、二十世紀によみがえったのである。贅を尽くして作られたそれらの作品を、現代の環境で作り続けるのは、残念ながら不可能であろう。

化粧用の花の水

花の水といえば、現代でも広く用いられているのが、オレンジである。

プチ・トリアノンの庭園で大切に扱われていたオレンジの花から作られる水は、香水の原料としても用いられた。その香りは王妃の生活にも欠かせないものであった。携帯用の香水入れに常備し、宮廷での噂や批判に憂鬱を感じると、鎮静剤として使われていたのである。

オレンジの花の水の原産地はチュニジアあたりだといわれている。水は、朝早く摘み取ったオレンジの花びらを蒸留して作る。現地では家庭で蒸留器を所有し、主婦が作ることもある。フランスではお菓子作りに初めて使われた香りづけであり、現在でも、主に南フランスの焼き菓子や揚げ菓子に多く使用されている。また収れん性が強く、脂性肌を美しく整え、ニキビや吹き出物も一掃してくれると、化粧品にも利用されている。

王家の厨房では、宮殿のオランジュリーで栽培されたオレンジを使って、オレンジの花や花の水を使用したアイスクリームやコンフィ、プラリネ、マーマレード、ボンボン、焼き菓子、そしてマカロンが作られていた。

六月になると、王妃の村里の花壇には紫がかった青のラベンダーが咲き始める。

ラベンダーという言葉は、ラテン語のla-vare（洗う）に由来する。古代ローマ人は消毒効果に着目し、入浴や洗濯に使っていた。鎮静作用もあるので、医師からの忠告を受けたアントワネットのお抱えショコラティエは、王妃が飲む朝のショコラにラベンダー水を数滴入れていた。そのショコラに、アントワネットはしばしばブリオッシュを浸して食べていた。

フランス王家といえば、百合の紋章が有名である。その由来は初代フランス王クロヴィスが難を逃れた際、百合の花が描かれた楯に助けられたことにある。紋章が意味する百合は、忠実、純粋の象徴であり、キリスト教ではその白さが聖母マリアの清らかさの象徴であった。《受胎告知》の絵画の中で、ガブリエルが聖母マリアに手渡そうとしているのは百合の花だ。ブルボン王朝の時代は、百合の白色は宮廷の繁栄を表していた。

百合は、中世に十字軍がアラブからヨーロッパにもたらし、地中海沿岸で栽培されるようになる。その後、フランス宮廷にももたらされ、ヴェルサイユの花壇で咲き誇るようになった。アントワネットの調香師、ジャン・ルイ・ファージョンは、その百合の花を蒸留した水で、王妃のためにしわとそばかすを取り除く化粧品を作った。さらに百合の水は、鎮静剤やリュウマチの治療にも用いた。花びらはオイルにつけて肌のマッサージにも使われた。

プチ・トリアノンの愛の神殿周辺には、リンゴの果樹園があった。リンゴの皮を途中で落とすことなく切り終えられたら、その人は一年以内に結婚するといわれていた。枕の下にリンゴを置いて寝ると、結婚相手が夢に出てくると伝えられていたことからも、愛の神殿はリンゴにふさわしい場所といえよう。その白い花を眺めると、王妃の顔から幸せの笑みがこぼれたという。庭園のリンゴはヤマリンゴと呼ばれるもので、冷涼地でも栽培可能な品種である。

現在でもフランスのリンゴは小玉が多く、加工用のものが多い。お菓子作りに多く使われているのはレイネット種で、アントワネットの時代から栽培されており、コンポートやジュレ、焼きリンゴ、キャラメリゼ、マーマレード、そしてシロップと様々な形で調理や加工がされていた。

現在ではロワール地方でしか作られていない、ポム・タペのレシピもある。これは、リンゴを乾燥させてたたき、平たくして保存するロワールの伝統菓子である。水と一緒に火を入れて戻して食べる。

recipe

リンゴのマーマレード

Marmelade de pommes

材料と作り方

リンゴ……1個
砂糖……リンゴの重さの約半分
レモン汁……少々

①リンゴの皮をむいて適当にカットして、水で柔らかく煮る。
②①をこす、またはフードプロセッサーにかけて、ピュレ状にする。
③②を砂糖と汁気がなくなるまで煮る。レモン汁を少し加える。
④瓶に入れて保存する。

第五章　革命期の食卓

首飾り事件

アントワネットを語るとき、最終的に彼女の地位を貶めることになったこの有名な事件を忘れてはならない。五四〇個のダイヤモンドが付けられた一六〇万リーヴルもする価格の首飾りにまつわる事件である。

それは、一七八五年に起こった。仕掛け人は、ラ・モット夫人と名乗る、王家の血を引く没落貴族と女中との間に生まれた女ペテン師である。幼い頃は、ジャンヌと名乗り、道に放り出されていたその少女を、ブランヴィリエ侯爵夫人という高貴な女性が家に連れて帰り、修道院に入れさせた。その後、ジャンヌは、ニコラ・ド・ラ・モットという小貴族と結婚する。しかし結婚生活は借金まみれであったため、その地位を利用した夫婦は宮廷に入り込む。二度ほど失神したふりをし、飢えと衰弱が原因だと訴え、年金をせしめて帰ってくるのである。そんな夫婦の周りには、第一秘書のレトー・ド・ヴィレット、第二秘書のロートなどの詐欺師が集まるようになる。そして、ラ・モット夫婦は、その詐欺のターゲットにロアン枢機卿を選んだのである。彼はアントワネットにどうにかして取り入ろうとし、行く末は国家財政を担う財務総監の位を狙っていた。

ロアン枢機卿は、アルザスの由緒ある名家出身で、ストラスブール大司教、アルザス領主、そしてアカデミー会員でもあった。アントワネットがウィーンから輿入れした際は、ストラスブール寺院で歓迎の言葉を述べ、ヴェルサイユではアントワネットの子どもたちの洗礼にも立ち会っている。しかし、ウィーン駐在大使を務めていた時代、アントワネットの母のテレジアに、その派手な金遣いや淫蕩な生活を疎んじられていた。それを王妃もうかがい知っていたので、フランスで彼が枢機卿となり、宮殿に出入りするようになっても、一度として笑顔で挨拶を交わしたことはなかったのだ。

すでにロアンと愛人関係になっていたラ・モット夫人は、自分は宮廷に出入りしており、王妃の親友だなどと嘘をつき、ロアンに、王妃に今までの素行について詫びる手紙を書くように仕向けたのである。するとどうだろう、王妃のサインのある返事が届いたではないか。もちろん王妃の返事は、ラ・モット夫人の秘書、レトーが念入りにしたためたものである。

ロアン枢機卿の感激収まらぬその頃、さらにラ・モットたちは、ある情報を手に入れる。宝石商がデュ・バリー夫人のために、素晴らしく豪華な首飾りを作ったが、ルイ十五世が亡くなってしまい、引き取ってもらえなかった。その後、宝石好きのアントワネットに話を持ちかけてみたが、あまりにも高額で、財政困難な状況で購入するのには、さすがにためらわれたというのである。

ラ・モット夫妻は、すでにロアンとのやりとりで多額のお金をだまし取っているにもかかわらず、さらなる大金を手にしようと、その首飾りを利用してある策を考案する。今や、王妃のためなら何でも引き受けそうなロアン枢機卿に、王妃がその首飾りを欲しがっていると欺き、代理でその首飾りを受け取り、後から王妃に分割払いをしてもらえば良い、と持ちかけた。

このようにして、首飾りを手に入れたロアンは、それを王妃に届けるためラ・モット夫人に託すが、さっそくラ・モットはそれを解体し、レトーを通して売りさばき、巨額の富を手に入れる。

その後、宝石商からの手紙で初めて知る嘘の話に仰天したアントワネットは、ロアン枢機卿が自分を貶めようとしていたに違いないと王に訴えたため、一七八五年八月十五日、枢機卿は、ヴェルサイユ宮殿でミサを行おうとするその直前に逮捕されてしまう。フランスきっての高貴な身分である枢機卿の逮捕は、宮廷人と聖職者たちの同情を誘い、枢機卿が王妃のために自ら泥をかぶったとまで噂される。

裁判の結果、ロアン一族の必死の調査のかいもあり、枢機卿と主な共犯者は無罪となり、主犯のラ・モット夫人だけが鞭打ち刑の後、終身刑となった。それは王妃にとっては思ってもみない判決であった。国王もこの結果に憤り、ロアン枢機卿を辞職させ、修道院に送り込んでしまう。このことがまた多くの貴族たちの反感を買うことになり、人々の気持ちは国王夫妻から離れていってしまうのである。

前述の焼き菓子「サブレ」の仲間に、「ディアマン」という焼き菓子がある。フランス語でダイヤモンドという意味だ。周囲に輝くグラニュー糖がダイヤモンドの輝きを想像させるので、そう呼ばれている。前代未聞の首飾り事件から連想されるこのプチ・フールは、当時のサロンでも好んで食べられていたことだろう。

recipe

ディアマン

Diamant

材料と作り方（直径2.5cm×約14個分）

薄力粉	75g
アーモンドパウダー	9g
粉糖	16g
塩	少々
バニラオイル	少々
バター	60g
牛乳	8cc
卵白	適量
グラニュー糖	適量

●準備

◆オーブンは180℃に予熱しておく。

◆バターは角切りにして冷蔵庫で冷やしておく。

◆天板にオーブンシートを敷く。

①フードプロセッサーに牛乳、卵白、グラニュー糖以外の材料を全て入れて回し、全体をさらさらにする。

②牛乳を加えて回し、生地をまとめる。

③生地をビニール袋に入れて、冷蔵庫で最低2時間は休ませる。

④休ませた生地をビニールに入れたまま、あるいは、出して打ち粉をしながら、棒状にして転がす。

⑤さらにまな板などで押さえながら転がして、直径2.5cmの円柱にする。

⑥表面全体に卵白を刷毛で塗る。

⑦グラニュー糖をバットなどに広げて、その上で生地を転がして表面に付ける。

⑧2時間ほど冷蔵庫で休ませてから、厚さ1.5cmにカットする。

⑨オーブンペーパーに間隔を開けて並べる。

⑩180℃のオーブンで約18～20分焼く。

⑪焼きあがったら、網の上などに置いて冷ます。

〝赤字夫人〟

首飾り事件によって、国民は王妃に対して明らかに疑念を抱き、さらにそれまでの贅を尽くした宮廷生活により、アントワネットを赤字夫人と呼ぶようになった。

財務長官に再任したネッケルは、事態を落ち着かせるために、およそ約一七〇年ぶりの三部会の招集を提案した。三部会とは、聖職者、貴族、平民によって構成される身分制議会であり、王政改革を話し合うものである。三部会は一七八九年五月五日、ヴェルサイユ宮殿で行われた。宮殿には相変わらず四千人が出入りしており、ヴェルサイユの町には、地方から勤めを果たしにきている二千人の貴族たちも宿泊していた。それ以外に、この世紀の集会を見逃すまいと、パリや近郊から数えきれない人々がヴェルサイユの町に押し寄せた。

王と王妃は衝撃を受けた。平民たちが自分たちの意見を押し通すことなど、かつてなかったからだ。背景には、出版や言動の自由が大きく影響していた。オルレアン公を中心に、パレ・ロワイヤルにはたくさんの無名革命家が集まっていた。民衆や国民という言葉を使って演説し、政治パンフレットを配り、激論を飛ばしていたのである。

王政が脅かされている時期だったが、アントワネットの心はそこにはなかった。一七八八年頃から病によって長い間床に伏していた、六歳の長男の王太子が死に瀕していたからだ。

不安と怒りを爆発させた民衆は蜂起する。七月十四日の早朝にアンヴァリッド(廃兵院)に押しかけ、銃や大砲を奪った。それでも足りないと、二万を超える人々が弾薬と大砲を手に入れるためにバスティーユ監獄に集結し、内部にまでなだれ込んだ。

こうしてバスティーユは陥落し、監獄司令官とパリ市長は惨殺された。その首は町中の見せ物となり、市民によるパリ征服という、かつてない歴史上の出来事が勃発したのである。このバスティーユ襲撃事件は後に革命記念日となり、三色旗の起源ともなった。

そんな世界史的事件が起こったにもかかわらず、パリから遠いヴェルサイユには、その重大さが伝わらなかった。ルイ十六世は宮殿でいつも通りの生活を送り、床に就こうとしていた。その矢先、侍従から、バスティーユ襲撃と司令官の殺害の報告を受ける。王は驚愕し、「それは反乱ではないか?」と返答したが、侍従は、「いいえ、陛下、革命です!」と伝えた。王は恐怖におののき、慌てて武力鎮圧を取りやめた。

ラ・ファイエットを司令官とする市民による国民衛兵がパリで編成されると、地方でも結成され、特権階級に対する農民反乱が至るところで勃発した。議会はこれに対応し、八月四日に封建的所得権の廃止を発した。こうした封建制の廃止により、アンシャン・レジームは解体され、事態は革命へと突き進んでいくのである。

ヴェルサイユになだれ込む女たち

ついに一七八九年八月二十六日、人権宣言が議会で採択された。自由な市民たちによって国が成り立つ時代がやってくると、王族や取り巻きたちはさっさと国外に逃げた。

十月五日、その日は来た。どしゃぶりの雨の中、パンの値上がりや失業などに不満を募らせた下層級の女たちが、市庁舎でピストルやら槍、鎌、大砲などを奪った。国民衛兵を従えて、六時間、ヴェルサイユに歩いて向かった。

王は女性たちに、パンでも何でもあげようと優しく接したが、民衆の狙いは、王と王妃をパリに連れていくことだった。パリでなら彼らの行動を見張れるからである。彼らはパリへは帰ろうとせず、早朝、王妃の居室に直行しようとした国民衛兵を阻止した護衛兵が殺される事態となった。もはや逃げることもできなくなった王は民衆の興奮を抑えるべく、バルコニーに出て、「パリへ行く」と書いた紙をばらまいたのである。国王一家、養育係と数人の王族、貴族、議員などが乗った六頭の馬車はパリへと向かった。このとき、王太子ルイ・シャルルは四歳、娘のマダム・ロワイヤルは十一歳、そしてアントワネットはすでに三十五歳となっていた。

ジャン・デュプレシ・ベルトーなど《ヴァレンヌからパリへ連れ戻される国王一家》1791年

ブリオッシュはお菓子かパンか？

一行は、パリ市庁舎に連れていかれ、市長バイイから丁重な歓迎の挨拶を受ける。パリ中から民衆が押しかけ、「国王万歳、王妃万歳！」と叫ぶが、それは国民の勝利の叫びにすぎなかった。国王が国民の臣下となったこのとき、ついにフランスの君主制は終わりを告げた。

その後、一家はルイ十四世も住んでいたチュイルリー宮殿に護衛もなく連れていかれた。一五〇〇年誰も住んでいなかった宮殿は家具も明かりもなく、すきま風が吹きすさぶ空き家であった。しかし、ルイ十六世はそんなことには頓着しなかった。彼はいつものように、食事ができて眠れれば、もはやそれだけでよかった。かたやアントワネットは、「今日一日のうちに起こったこと、苦しめられたことは、何をもっても、それ以上のものはない」と、助言者メルシー伯爵に伝えている。

パンを求める民衆に対して、アントワネットが、「パンがないならお菓子（ブリオッシュ）を食べればいいじゃない」と言ったという説もあるが、それは、庶民の生活に無関心だった王妃への皮肉を込めた後付けの言い伝えである。実際にはアントワネットがそのような言葉を発した記録はない。

この言い伝えには、お菓子とブリオッシュの両方の説がある。ブリオッシュはバターが多く含まれるパン菓子で、お菓子ともパンともいえるヴィエノワズリーの一種である。オーストリアから伝わったとされ、その経緯もあってこの説が生まれたのではないだろうか。あるいはルソーの『告白』に、「農民がパンにも困る生活を送っていることを聞いて、それならブリオッシュを食べればいいのに」と高貴な女性が言ったと回想する一文があるから歴史家が引用したとも考えられている。

ブリオッシュはお菓子かパンか？　十八世紀の料理人、ジョゼフ・ムノンが出版した『ブルジョワの女料理人』の中には、ブリオッシュのレシピが記載されている。このタイトルは「Gâteau de brioche（ブリオッシュのお菓子）」で、お菓子として扱われていたのだろう。現代は生地の一種であり、ブリオッシュ生地を使って色々なパンや菓子を構成していく。しかし、朝食にブリオッシュを食べると表現する場合、現在であれば頭に浮かぶのは、ブリオッシュ・ア・ラ・テット、またはブリオッシュ・パリジエンヌと呼ばれる、専用の型で作られる頭が飛び出た形のものだろう。

この形のブリオッシュは、すでに十八世紀のシャルダンの絵画にも描かれている。その横にはリキュールかポルトワインのような甘口ワインが添えられているので、ブリオッシュは、デザート感覚で食されていたのかもしれない。

現在でもオーストリアでは、ブリオッシュの頭の部分をくり抜き、チーズや蜂蜜、フルーツなどを盛って再び頭を乗せて供す菓子があるし、イタリアでは、アイスクリームを詰めて楽しむものなども見受けられる。

recipe

ブリオッシュ・ア・ラ・テット

Brioche à la tête

材料と作り方
（口径6cmのブリオッシュ型10個分）

強力粉	200g
塩	2g
インスタントドライイースト	4g
グラニュー糖	40g
卵	80g
牛乳	40cc
バター	70g

●準備

◆バターは常温にしておく。型にバター（分量外）を塗る。

①強力粉に塩を混ぜて台の上にリング状に広げ、中央にドライイースト、グラニュー糖、卵、牛乳を入れる。

②カードなどで内側から徐々に山を崩しながらこねていく。

③ある程度まとまったら、台に叩き付けるように3～4分ほどこねる。表面がすべすべした状態になったら、生地を平たくして上面にバターの3分の1の量をのばす。縦横からバターを包み込むように生地を折り込む。再びバターをなじませるように生地をこねる。

④③を繰り返して残りのバターを練り込んでこねる。

⑤表面が再びすべすべした状態になったら、生地を丸くまとめてボウルに入れる。ラップなどを被せて28～30℃で約1時間発酵させる。

⑥生地が約2倍になったら空気を抜き、ラップなどを被せて常温で10分置く。またはビニール袋に入れて冷蔵庫で一晩休ませてもよい。

⑦⑥の生地を1個分40gに丸めて、台の上で転がしながら、頭と本体のくびれを作る。

⑧頭の部分を持って型に詰め、上から押すようにして形を整える。

⑨二次発酵させ、表面に溶き卵（分量外）を塗り、あらかじめ180℃に予熱したオーブンで25～30分焼く。

屈辱的な暮らし

王家が住めるように、ヴェルサイユ宮殿からいくつかの家具がチュイルリー宮殿に持ち運ばれ、数部屋が整えられた。二階に王の寝室と謁見の間、王の妹と子どもたちの寝室、サロン。そして一階にアントワネットの寝室、謁見の間、化粧室、ビリヤード室と食卓が設置された。

実は、王妃の部屋の間取りには秘密の通路がある。彼女を訪ねる者は、公式の階段や廊下を通らずに、誰にも見られずに直接王妃に会いに行くことができた。これは王妃が自ら望んだことであり、敵から身を守ることもできた。そしてあのフェルセンが、何のためらいもなく王妃に会いに来られたのである！

宴会や劇場通いや狩猟も昔のこととなり、王と家族は国民衛兵に見張られる生活を強いられた。日中には宮殿の窓から姿を見せなければならず、ヴェルサイユ宮殿同様、起床と就寝の儀式は引き継がれ、週に二回、食事風景を民衆に公開する必要があった。

しかし、食生活はかなり恵まれていた。朝食はコーヒー、ココア、数種類のパン、フルーツが提供された。昼食はスープ三皿、前菜四皿、肉料理二皿、菓子類四皿、フルーツ四皿、コンポート三種、そしてバターと砂糖入りのパンなどであった。夕食はスープ三皿、前菜二皿、肉料理二皿、菓子類四皿、フルーツ、コンポート、そしてシャンパーニュやワイン、ヴァン・キュイ（甘口ワイン）も供された。もちろんその全てを食べていたわけではなく、そこから選んでいた。飲み水には、ヴェルサイユ郊外のヴィル・ダヴレーを水源とする水が届けられた。また、庭園での散歩は許されていたが、アントワネットは人々の目にさらされることを嫌い、庭には姿を見せなくなる。

しかしこの不自由な生活は、やっと彼女に考える時間と意思を与えた。頼りない夫の代わりに自ら側近に指示を出し、暗号を学び、海外の君主たちに自分たちの立場を訴える手紙を書く。集中と緊張の中で行うこの作業は、アントワネットを疲弊させた。だが、テレジアの娘としての自覚を持つことで、この困難に立ち向かう勇気を得たのである。

王と王妃は、表向きには国民に従うふりをしていたが、裏では革命に反抗する動きを取っていた。その手紙のいくつかは、実家の兄ヨーゼフ二世やスペイン国王に宛てた、王権を復活させるために彼らに助けを求めるものであった。

王家一家にとっては、屈辱的なチュイルリー宮殿での暮らしだったが、この生活が今まで経験したことのない家族水入らずの時間を与えてくれたことは、唯一の慰みであった。

革命は目に見えて進行している中、一七九〇年二月、国王夫妻は革命家ミラボーと密かに手を結んだ。

恋人フェルセンとの書簡

そして、もう一人、国王夫妻に助言を申し出た人物がいる。スウェーデンの貴族、ハンス・アクセル・フォン・フェルセンである。

ちょうど第一子を出産した後から、アントワネットはフェルセンを私的な集まりに招待するようになっていた。王妃の過剰な愛を感じ取ったフェルセンは深入りすることを恐れ、当時勃発していたアメリカ独立戦争にフランス支援軍の一人として、一七八〇年に渡米してしまう。しかしその間フェルセンは、すでにアントワネットなしでは生きていけないと悟る。帰国後は、頻繁に王妃と密会を重ね、逃亡計画を企てるのであった。

主に一七九一年七月から一七九二年八月までの一年間、二人は文通をした。フェルセンが滞在していたブリュッセルとパリの間を、手紙を帽子の箱や荷物、紅茶やビスケットの箱に隠してやりとりをした。その多くはフェルセン本人によって処分されてしまったが、残された一部は一八七七年に、末裔の一人、クリンコウストレーム男爵が本にして出版した。それらは、暗号やあぶり出しインクによって書かれており、ところどころが故意に黒く塗りつぶされていた。その後書簡は、歴史家たちの手に渡ったが、六十枚ほどが国立古文書博物館に保存され、専門家たちが数年前から塗りつぶされた部分の判読に挑んできた。

そして近年、この往復書簡の解読エキスパート集団が結成され、特殊な技術によって判読された。その一部から、アントワネットが狂おしいほど恋焦がれる、フェルセンへの愛が明らかになる。以下はその一部である。

“Je vais finir non pas sans vous dire, mon cher et bien tendre ami, que je vous aime à la folie et que jamais jamais, ne peux etre un moment san vous adorer.”

愛おしくかけがいのないあなたに、これをお伝えせずして手紙を終えることはできません。私はあなたを狂おしいほど愛しております。決して決して、片時ともあなたを想わずにはいられないということを。

フェルセンは、チュイルリー宮殿に閉じ込められたアントワネットと密会を重ね、王家一家が生き残れる策として、宮内大臣ブルトゥイユと共に逃亡を提案する。逃亡先は、オーストリア軍の助けを求められる土地である。そこで王権奪回の策を練ろうというものであった。しかしこの作戦にミラボーは反対する。

彼は逃亡に反対ではなかったが、逃亡するなら威厳を保って白昼堂々とパリを去り、外国の軍隊を当てにせずに、フランス軍（亡命貴族軍）とともに革命軍と戦えば良いと考えていたのだ。

国王夫妻は、彼の助言に耳を傾けるべきであったかもしれないが、ときすでに遅し。一七九一年四月二日、ミラボーは突如として病気で死去してしまう。彼の死はアントワネットを安堵させたが、翌年十一月二十日、チュイルリー宮殿の棚から、ミラボーが国王に買収されていた証拠の書類などが発見され、国王夫妻への信頼はさらに失墜してしまったのである。英雄だったはずのミラボーの遺体は、敬意を持って葬られたパンテオンから、共同墓地に移されてしまった。

逃亡するも派手な馬車

王家と国民を結ぶ唯一の助言者、ミラボーが亡くなり、王家一家はまたまた窮地にさらされる。生き残る選択肢は、二つしか残されていなかった。革命に立ち向かうか、国民が主となる新しい憲法を受け入れるかである。しかし、いずれでもない妥協案の逃亡計画がすでに企てられていた。

王は例によって優柔不断さが邪魔をし、この命を賭ける危険な逃亡に踏み切れなかったため、王家の面目を保ちたかったアントワネットに計画を託した。実際、逃亡を企てたのは、彼女に仕えるために命を捧げるとまで誓った恋人、フェルセンである。逃亡先は決まった。フランス北東部、ロレーヌ地方のモンメディーである。そこで待機させたフランス軍と共に、アントワネットの故郷、オーストリアにも助けを求め、反革命を行う策略であった。フランス軍を指揮していたのは、ブイエ将軍であった。

フェルセンの献身的な働きは、これこそが逃亡の事実より歴史に残る大事業ともいえる。彼は逃亡にあたり、慎重に以下のことを準備した。逃亡にかかる莫大な費用を調達するため、ロシア人女性とスウェーデン人女性にそれぞれ三十万リーヴル、自分の執事からも三千リーヴルを借りた。そして昼や夜に人目を忍んで王妃に会いに行き、何時間も話し合って詳細な計画を立てる。逃亡用に偽装馬車を注文し、偽パスポートを作らせ、手紙などを極秘で運んでくれる信頼の置ける人物も選び出す。変装用の衣装も見つけ、チュイルリー宮殿へ密かに運び入れる。こうした行為が一つでも知られてしまえば命はない。彼は緊張の中、毎日手紙を書き、馬に乗って往復し、少しずつ計画を実行に移していったのである。

逃亡は、一七九一年六月二十日の夜に決行された。本来はその前日の十九日であったが、アントワネットが急遽変更してしまったのだ。侍女の一人が革命家と通じているかもしれないと、彼女の非番となる翌日に延期を申し出たのである。これによってフェルセンは、逃亡を手助けする兵や騎兵隊たちと再度連絡を取り合った。馬の待機日や持ち運ぶ物の日にちの変更で振り回され、彼の肉体的、精神的疲労は増すばかりであった。それでも王妃のために全力でその日を迎えた。

逃亡には身軽さが必要だったが、彼らのやり方はすでに捕らえられるために準備されたようなものであった。まず、馬車の外観は緑色、車輪は黄色に染められていた。内部はビロード張りの贅沢な造りで、ワインセラーもしつらえてある。外食用の銀食器、食料、牛革でできた室内用便器、金ピカのトランクに詰められた王妃の衣装などが豪華絢爛の馬車に山積みにされた。

逃亡の人数も問題であった。王家一家のほか、王の妹、マダム・エリザベートが一緒の馬車に乗ることが決まっていたが、養育係のトゥルゼル夫人が子どもたちを手放さないと言い張り、同乗することになる。さらにアントワネットは身の周りの世話をする二人の侍女が必要だといい、そのために馬車をもう一台出すことになった。そして六人の御者、そしてフェルセンと彼の御者も含めると、総勢十四名となった。この一行が目立たないはずはない。馬車が重ければ、速度は遅くなるし、宿場で交換する馬が増えればそれだけ時間がかかる。こうして逃亡中の待ち合わせの時間は、どんどん狂っていった。

馬車の中でのキャストはこうだ。トゥルゼル夫人がフェルセンの女友達、コルフ男爵夫人になり切り、王妃は教育係のロシュ夫人、王は執事デュランになった。そして、マダム・

エリザベートは侍女のロザリーとなる。そして、王太子ルイ・シャルルは、女の子に変装させられた。

逃亡の夜、いつものように夕食後、王と王妃は、同じこの日に逃亡を企てていた王の弟プロヴァンス伯たちとサロンでくつろいでいたが、中盤で王妃が立ち上がり、自分の部屋へ向かうふりをして、娘の部屋へ行き、娘を起こして養育係に着替えさせる。その後は、王太子を起こしに行き、舞踏会に行くとだまして女の子の衣装を着せるのである。子どもたちの準備が整うと、フェルセンが前もって潜ませていた、フォン・マルデンという近衛兵の男が、子どもたち二人とトゥルゼル夫人の手を引く。衛兵や御者たちが、暇そうにあくびをしたり、おしゃべりしたりしている暗闇の中、庭を注意深く歩いて、あらかじめ用意された貸し馬車の御者のフェルセンに彼らを引き渡した。

王妃は何事もなかったかのように再びサロンに戻るが、お開きになると寝室に向かい、侍女に着替えさせて床に就くふりをする。そして侍女が部屋を去った途端に跳ね起き、変装用の衣装に着替える。寝室を出た後は、周囲を見回しながら息を潜めて階段を降り、表に出る。後は、フェルセンと子どもたちが待つ馬車に向かって小走りに走るだけだ。

さてルイ十六世の脱出はというと、これはちょっと困難だった。毎晩、ラ・ファイエットと会見していたが、この晩はそれが少し長引き、彼が去ろうとしない。王はいらいらしながら窓の外を眺めたり、せき払いをしたりしていた。

やっとラ・ファイエットが帰ると、隣接した部屋に素早く移動し、用意してあった変装用のかつらと服に着替える。そして階下へ降りていくと、また棚に隠れていたフォン・マルデンが出てきて、道案内をしながら、庭の衛兵たちの目を盗んで、難なく宮殿から出ることができ、馬車の中でじっと待つ家族たちと合流できたのである。

打ちひしがれる王

さて、フェルセンは、パリの街を知り尽くしていたわけではなかった。真っ暗闇の迷路のパリを走るのに、予想外の時間がかかってしまい、やっと大型馬車と合流できたが、十二時半の予定だったパリ出発が夜中の二時半となってしまう。フェルセンは最初の馬車交換所ボンディまで、必死に鞭を振り時間を取り戻す。と、ここボンディで、フェルセンは王から思いがけない言葉を聞く。

「もう一緒に来なくていい」というのである。王の真意はどこにあるのかわからなかったが、フェルセンは涙をこらえる王妃の姿を後に、引き裂かれる思いでその場を去ることになった。

その後、六頭立ての巨大な馬車とそれに続く二頭立ての幌馬車《ほろばしゃ》は、のどかな田舎道を走る。王は地図を広げ、見たことのない田舎の景色に心を奪われた。宮廷での縛りもなく、家族でピクニックをしている気分になったのか、上機嫌の王家一家は時々馬車から降りて、草の香りのする空気を吸ったり、散歩をしたり、用を足したりする。宿場で王は自ら馬車を下り、珍しい豪華な馬車に集まる村人たちと会話を楽しんだ。護衛が注意しても、名乗ることさえしていたのである。シャントリスという宿場では、お忍びで王が旅をしていると村人たちが集まり、腰をかがめ、祈るように王家一家を見つめた。

馬車から降りて村人たちと会話を楽しんだ分、すでに予定時間は遅れている。その上、シャントリスの先で、車輪が故障し、修理に一時間費やしてしまい、再出発は未明の四時半となった。しかし、次のポン・ド・ソンム・ヴェールまで行けば、かつての大臣の甥である、ショワズール公爵の四十人の部隊が待っているはずだ。しかし、六時十五分、目的地に着いたが誰もいなかった。

確かに予定の時刻、五時にショワズールの部隊は待っていたのだ。しかし、一向に王家一家が現れないので、捕らえられてしまったと誤解したショワズールは、今後王たちが立ち寄るはずの宿場にも従者とアントワネットの美容師レオナールを走らせ、それを伝えに行かせたのである。

そんなことも知らず、次の宿場のサント・ムヌーに行けば部隊はいるだろうと気を取り直した王は、馬車を走らせた。だが途中で馬が転倒する騒ぎがあり、馬を替えたために十五分遅れてサント・ムヌーに到着する。しかし期待の部隊はやはりいなかった。

そのかわり、この亡命貴族らしき裕福な一家を、物珍しそうに見物する村人たちの歓迎を受けた。宿長も出てきたが、不審に思った彼は、先の急な坂で馬を疲れさせないようゆっくりと進むよう助言しながら、その大型馬車を通過させた。しかし、そのすぐ後、王家一家が逃亡したという噂が流れたのである。宿長は、一家のパスポートをチェックしなかったミスを厳しく指摘されたが、すさまじい速さで近道を通って、ヴァレンヌで王家一家を乗せた馬車に追いついた。そして食料品店を営む村長を起こし、一行をその家に泊めることにした。午前三時だというのに、村は前代未聞の出来事に大騒ぎとなった。

しかし誰も本当の王の顔を知らない。貨幣に描かれた顔しか知らないのである。そこで連れて来られたのが、宮殿に出入りしていた判事のデルテーズである。王は開き直って身分を明かし、少しここで休んでいれば、ブイエ将軍の兵隊が助けに来ると信じていた。

彼らは生まれて初めて、木と土でできたみすぼらしい民家に足を踏み入れた。燻製肉《くんせいにく》やスパイスの鼻をつく強烈な香りもする。そんなところでも、食欲に勝てない王はワイン一本とチーズを所望し、できるだけ時間をのばそうと、侍女のヌーヴヴィル夫人が腹痛だと言って、医者を呼びに行かせたりもした。アントワネットは、ソースの妻に助けてくれるようにすがった。これは生涯初めての屈辱的な行為であった。しかし、妻は「王家に歯向かうのは恐れ多いことであるが、主人の命が危うくなるので、それだけは受け入れられない」と、涙を流しながらか細い声で返答するのであった。

ブイエの部隊はなかなかやってこなかった。ワインとチーズによる一瞬の安堵は、朝五時半にパリから到着した国民衛兵司令官とラ・ファイエット将軍がよこした副官によって打ち破られた。そこで彼らが王につきつけたのは、王家一家関係者の旅を阻止する議会の命令書であった。

打ちひしがれた王は、「フランスにはもはや王はいない！」とつぶやき、その紙をマダム・ロワイヤルが寝ているベッドに置いた。すると怒った王妃がそれを拾い上げ、丸めて床に投げつけた。外では、これまで王家一家を崇めていた村人たちも、国民議会の報復を恐れて、王の敵と変わる。村中が「パリへ！　パリへ！」の大合唱で夜明けを迎えた。

王家一家は再び馬車に乗り、パリに引き返すことになった。周囲には、隣村や町からかけつけた野次馬たちの山ができ、道中、その数はどんどんふくれあがった。彼らの罵り声を浴びながらの帰路は、ヴァレンヌまでの道のりの三倍以上の時間がかかった。ブイエの部隊がヴァレンヌに到着したのは、王家の馬車が引き返した後のたった二十分後だった。

失意の中、チュイルリー宮殿に戻ったアントワネットは、鏡を見て言葉を失った。髪が白くなっていたのだ。まだ三十五歳だというのに。

逃亡中、アントワネットが肌身離さず持っていたのは、シガレットケースの形をしたオリジナルの香水入れだった。この中には、気持ちを和らげてくれる鎮静剤効果のあるオレンジの花の水が必ず入っており、逃亡時も不安になるとその香りをかいでいた。

持参した食料の中には、日持ちのするお菓子もあった。それは、気持ちを落ち着かせてくれるオレンジの花の水で香り付けしたジャンブレットではなかっただろうか。

ジャンブレットは、中世から作られていたエショデと呼ばれるお菓子の流れを汲むもので、生地をゆでてから焼く。このお菓子は、フランス、ミディ・ピレネー地方の中世の石畳を残す古い町、アルビで誕生した。画家トゥールーズ＝ロートレックの生まれ故郷としても知られる。

ジャンブレットは20世紀初頭までパリでも作られており、おおいに流行った。甘さは控え目なので、ワインのつまみにも最適である。

recipe

ジャンブレット

Gimblettes

材料と作り方（約10個分）

薄力粉……100g
強力粉……150g
塩……3g
グラニュー糖……20g
バター……25g
重曹……3g
全卵……2個
オレンジの花の水……大さじ1
（またはオレンジの皮のすりおろし
……1/2個分）

●準備

◆卵、バターは室温に戻す。
◆薄力粉、強力粉、重曹はふるう。

①ボウルにふるっておいた粉類を入れ、バターは手で細かくして粉類とすり合わせる。
②全卵以外の材料を混ぜ、全卵を溶いて混ぜ、手で生地をまとめる。
③少しこねて、表面がすべすべした状態になったら、ボウルに入れ、ラップを被せ、1時間ほど生地を休ませる。
④生地を30gずつ取って、手のひらで棒状にのばし、両端をくっつけてリング状にする。
⑤鍋に湯を沸かし、④をゆでる。浮いてきたらすくい、網などにのせて水分を切る。
⑥あらかじめ200℃に予熱したオーブンで約17分焼く。

王権停止

再び戻ったチュイルリー宮殿で、王と王妃は、立憲王政を支持するふりをしながら、フェルセンや兄のヨーゼフ二世に手紙を送り、諸外国の反革命勢力にフランスと戦うよう促していた。フェルセンは、奇跡的にその姿を見破られることなく、一度だけチュイルリー宮殿にいる王妃に会いに行き、そこで一晩明かしたと日記に記している。これが二人の最後の別れとなった。

そして八月十三日、王家一家と王の妹マダム・エリザベートはその後、パリ三区にあったタンプル塔に移された。王家一家は、塔の三階と四階に住むことになったが、監視の目は今まで以上に厳しくなり、窓には鉄格子が設置され、さらに厚い布で覆われた。しかし、壁紙などは王妃のお気に入りだった流行のトワル・ド・ジュイに張り替えられ、スープ三種類、前菜四種類、肉料理二皿、デザート、ワイン、シャンパンからなる昼食も、数人の使用人が用意した。

国民議会は、ルイ十六世をもはや政治犯とみなし、裁判にかけることを決定した。その罪状の調査中には、亡命貴族と交わした文書や、諸外国との交渉文が発見され、有罪の決定的証拠となった。十二月十一日に王は裁判所に連れていかれ、家族との面会は禁止された。アントワネットはクリスマスも王に会えず、食事も摂れない日が続き、憔悴しきっていた。

議会は無残にも王の処刑を決定する。王妃と家族が王に会うことができたのは、処刑前夜のたった二時間であった。部屋には家族のみが集まり、誰もその様子を見た者はいない。王は家族に翌日も会いにくることを約束したが、一七九三年一月二十一日十時二十二分、断頭台へと消えていった。

アントワネットは深い悲しみの底にいたが、息子を次期の王ルイ十七世とし、跪《ひざまず》いた。

王妃が託した指輪

ルイ十六世を失ったタンプル塔のアントワネットは、まだ三十七歳だったにもかかわらず、やせ衰え、白髪も増え一気に老けてしまった。実家からの救いの手が差し伸べられることもなく、もはや全世界から彼女は見捨てられてしまった。

そんな彼女に追い打ちをかけるように悲劇が襲う。息子ルイ・シャルルと引き離されてしまうのである。彼を革命派として育てるために、タンプル塔に引っ越してきたシモンという靴屋に引き渡された。しかし結局結核を患い、一七九五年六月八日に若くしてこの世を去る。

王妃の変わり果てた姿に同情して王党派に転じた者が現れ、外のニュースを伝えたり、逃亡計画を持ち出したりする者が現れた。かつての侍女の夫、シュバリエ・ド・ジャルジュとタンプル塔監視兵のトゥランによる逃亡計画は実現しかけていたが、資金調達に時間がかかりすぎ、失敗に終わってしまった。しかし、信頼できるジャルジュに、アントワネットはあることを託す。自分がはめていた指輪の紋章に蠟を押し付け、その刻印を遠く離れた、愛する人に渡してくれるように頼んだのであった。それは監獄の中でも、アントワネットが肌身離さず身につけていたスウェーデン貴族、フェルセンの紋章だった。その指輪には、ラテン語で銘が刻まれていた。「全てが私をあなたのところに導く」であった。このときほど、この言葉が切実な思いを表すことはなかった。

最期の食事

アントワネットは、一七九三年八月二日の午前二時、政治犯のうち重要犯を収監するコンシェルジュリーに移された。ここに入れられたら、絶対に外の世界に戻れないといわれた監獄である。

その知らせを受け、絶望の中に投げ出されたフェルセンは、諸外国やハプスブルク家の皇帝フランツ一世に助けを求めた。しかし、もはや誰一人、廃位された王妃に関心を寄せる者はいなかった。

アントワネットはれんが敷きの床の部屋で、処刑台に上がる前の七十六日間を過ごす。二十平方メートルほどの空間が二つの衝立《ついたて》で仕切られ、一つがアントワネットの部屋として使われた。そこには粗末なベッドや藁の敷布団、掛布団、枕、テーブル、椅子、腰かけ型便器と洗面器、下着を入れるための箱、そして監視の目を避けるための着替え用の衝立があるだけだった。しかし、コンシェルジュリーの管理人の妻のマダム・リシャールや、純粋な女中のロザリー・ラモルリエールは、王妃への畏敬の念を失うことはなかった。着替えを手伝ったり、髪を結ったり、腕によりをかけた食事を用意したりと、できる限りのことをした。

朝食は、ココアかコーヒーとライ麦パンと決まっていた。昼食は午後二時頃、スープ、ミルク粥（ブーイ）、王妃が好んだアヒルか仔牛肉、そしてデザートである。夕食はお昼の残りであった。王妃はワインを飲まないので水を飲んだが、それもマダム・リシャールによって、タンプル塔でも飲んでいたヴィル・ダヴレーの水を手に入れることができた。

コンシェルジュリーは絶望の監獄だったが、囚人たちは死を前にしたからこそ、普段通りに陽気にふるまっていた。上層階級のものは監獄内でもサロンを開き、会話術で囚人たちを楽しませた。女性たちは朝、昼、晩と中庭に出て他の囚人たちと言葉を交わし、一日三回着替えていた。特に昼はお化粧をし、おしゃれをすることも忘れなかった。彼らは困難の中にあっても、楽しく日々を生き、他人にいやな思いをさせまいという貴族の心意気を最後まで貫いたのである。

二〇〇人以上の監視を配し、難攻不落ともいえた牢獄だったが、そんな監視たちの中にも、王妃を救おうと考えるものがいた。面会にやってきた王妃の知人、ルージュヴィル騎士である。一九七三年八月二十八日、彼は監視を買収し、作家アレクサンドル・デュマも長編小説『赤い館の騎士』のモデルにした有名な事件として後世に語り継がれる、悲劇の救出劇を引き起こす。

ルージュヴィルは小さな手紙を添えた一輪のカーネーションを牢獄に投げた。そこには、「王妃救出にはどんな犠牲も払うし、憲兵を買収するために大金を用意する」と記されていたのである。アントワネットは動き出す。ペンは取り上げられていたので、編み針で刺して書いた、たった十文字の手紙をルージュヴィルに渡すよう依頼する。「あなたを信じます」。

しかし、自分の身を案じた憲兵は、上官にこの陰謀を暴露してしまうのである。この手紙は今でもパリの国立文書館に保管されている。

この出来事はアントワネットをさらなる窮地に追い込んだ。最後まで身につけていた思い出の指輪や時計、子どもたちの写真までをも取り上げられ、ほとんど光の入らない別の独房へと移されたのである。石床から伝わる冷気によって身体の芯まで冷え切り、オイルランプの弱い光だけの暗がりは視力を極度に弱めた。そしてかびの臭いや囚人たちの叫び声は、彼女の精神と健康をむしばんでいった。このときアントワネットは、初期の子宮がんを患っていたのである。

さらに、一九七三年九月二十三日、パリ・コミューンによって以下の食事に関する決まりが下される。

一、本日をもって、全ての食事において、ペストリー類や家禽を禁ずることとする。

二、囚人の朝食は一品だけとする。昼食は、ポタージュ一皿、ゆでた肉一皿、何らかの料理一皿とする。

三、さらに、一人一日につき並のワイン半瓶を出すこととする。

四、夕食は二皿とする。

そして処刑数週間前には、銀器や磁器は禁止され、鉛と一般的な陶器食器を使うように命じられた。

裁判

審議は二日にわたった。その間もアントワネットは出血に苦しみ、疲れ果てていたが、戦う気力は失せていなかった。

三日目の早朝、判決を言い下された。「マリー・アントワネット・ロレーヌ・ドートリッシュこと、ルイ・カペー未亡人に死刑を宣告する」。アントワネットは身じろぎもせずこの判決を聞いていたが、法廷の外に出ると、よろめいて階段を踏み外しそうになり、憲兵に手を貸してもらった。

処刑までには時間がなかったが、薄暗く狭い独房の中でアントワネットは、人生の最期を共にしたルイ十六世の妹マダム・エリザベートに、感謝の思いと子どもたちを案じる最後の手紙を書く。その中で、他人にはそれとわからないようなフェルセンへの思いの一文を忍ばせた。

「私が最後の瞬間まで、友人たちのことを思っていたと、せめて知っていてくれますように」と。この手紙は結局、マダム・エリザベートの生前に届くことはなかった。看守に手渡されたその手紙は、検事のサインを経て人の手に渡り、二十一年後に発見された。そして、マダム・エリザベートもまた、断頭台の露と消えたのである。

アントワネットは、手紙を書いている間もひどい出血に苦しんだ。喪服のままベッドに横になっていると、女中のロザリーが独房に入ってきて、何も喉を通らないアントワネットのためにスープを用意し、最後の着替えを手伝った。アントワネットが最後に身に着けたものは、白い縁なし帽子とモスリンの肩かけスカーフ、白い部屋着、かかとの高い黒サテンの靴だった。ロザリーはアントワネットが去った後、人の目にさらされないようにと、血で染まった衣類を壁の穴にそっと隠した。その後、懺悔のための司祭が入ってきたが、共和国派に賛成した人物だったため、彼女はそれを拒否する。そして十時に死刑執行人サンソンがやってきて、アントワネットの髪をバッサリと切り落とし、両腕を後ろで縛った。

処刑の日

十一時、外に出ると待っていたのは、家畜を運ぶリヤカー式の荷馬車だった。ルイ十六世が処刑場へ向かったときは四輪馬車だったのに比べ、あまりにも屈辱的な差別であった。それだけ国民のアントワネットに対する憎しみは深いものだったことを語っている。馬車は裁判所を出てシャンジュ橋を渡り、サントノレ通りを走り、パレ・ロワイヤルの前を通って目的地に着く。サントノレ通り一四九番地には、アントワネットのファッションデザイナー、ベルタン嬢の店があったが、彼女はすでに逃亡していた。

唾を飛ばされ、下品な罵声を浴びせられても、アントワネットは背筋をのばし、最後まで王妃としての気品を見せつけた。断頭台のある革命広場は見物人で埋め尽くされていた。荷馬車が断頭台の前で止まると、アントワネットはたじろぎもせず、自ら荷馬車から降りた。そして誰の助けも借りず、無表情で断頭台へと導く板の階段を上った。軽やかに優雅に、そう、ヴェルサイユ宮殿の階段を上るように。

そのとき靴が一足脱げて、処刑係のサンソンの足を踏んでしまった。アントワネットは、首を少し曲げて微笑みながら、「ごめんなさい、うっかりいたしました。わざとではないのよ」とサンソンに詫びた。この言葉が、アントワネットが交わした最後の言葉となった。階段を上がりきると、一瞬空を仰ぎながら、かぶっていた帽子を振り落とし、首を断頭台に置いた。首輪のねじが止められる。そして、ギロチンの刃は下りた。首はすぐさまサンソンが拾い、民衆に差し出す。すると、「共和国万歳！」と幾重もの声がパリ中に響き渡り、鳩が舞い上がった。アントワネット三十七歳、一七九三年十月十六日、十二時十五分のことだった。

遺された娘

アントワネットの遺体は、国民公会によって民衆から早く忘れ去られるよう、コンコルド広場に近いマドレーヌ共同墓地ですでに眠っている王の隣に、ぞんざいに葬られた。この墓地に埋まっている死刑囚は、革命家や王党派など五〇〇名を超えた。しかし、その後二人の遺体は王の弟ルイ十八世によって、歴代の著名な王や王妃の棺が納められているパリ近郊のサン・ドニ大聖堂に移された。

サン・ドニ大聖堂の王や王妃の墓の上には、その姿が横になっている像が彫られているが、アントワネットとルイ十六世の像は、立像として制作され、アントワネットは、黒いレースをかぶって祈る姿でたたずんでいる。そして大理石の台座には、コンシェルジュリーで最後の力をふり絞って書いたマダム・エリザベートへの手紙の文章が刻まれている。

アントワネットはサン・ドニ大聖堂に納められた最後の王妃となった。また、王政が続いていればルイ十七世として実際に即位したはずの、息子ルイ＝シャルルの心臓が地下に保管されている。クリスタルの壺に入った、すでに石のようになった心臓を現在も見学することができる。

アントワネットの長女、マリー・テレーズは、母の死後、弟と引き離された。二年近くタンプル塔に幽閉されていたが、母の甥で、神聖ローマ皇帝となっていたフランツ二世が、フランス人捕虜の引き換えとしてマリー・テレーズをハプスブルク家に引き取った。

マリー・テレーズは、父ルイ十六世の弟、アルトワ伯の息子、アングレーム公ルイ・アントワーヌ（従兄）と結婚した。その際、マリー・テレーズが持参したものは、アントワネットが親族や親友に預けていたお金や宝石であるが、これらは、フェルセンが各国を周ってかき集め、ウィーンに運び込んだものであった。結婚祝いにルイ十八世からアントワネットの結婚指輪を贈られ、マリー・テレーズは涙が止まらなかったという。

その後、マリー・テレーズはフランス王政を支持したが、ナポレオン時代になると、夫と逃亡生活を余儀なくされる。しかし、ルイ十八世が王座に就くとフランスに戻る。子どもがいなかったマリー・テレーズは、夫の弟、ベリー公の子どもたちのために、母がしたように農場を造り、牛乳やクリームなどの乳製品を作って楽しんだ。夫の父親アルトワ伯がシャルル十世としてフランスを治めるようになると、マリー・テレーズは王太子妃となったが、使用人も四十五人に抑え、質素な生活を心がけるようになる。

しかし、一八三〇年の七月革命により、アングレーム公とマリー・テレーズは、再び逃亡の日々を送ることになる。最後はウィーン郊外のフロースドルフ城に住み、夫を看取った後、一八五一年十月十九日、肺炎のため七十二歳の生涯を閉じた。ここに、ルイ十六世とアントワネットの血筋は絶えたのである。

そしてフェルセンは？　アントワネットの死を覚悟はしていたものの、ブリュッセルでその事実を新聞で読んだ彼は、打ちひしがれた。大使としてヨーロッパ諸国を渡り歩いている間、複数の愛人を持ったが、アントワネットへの強い思いと愛は消えることがなかった。その後、フェルセンはスウェーデン王の顧問として最も重要なポストである元帥という称号を与えられた。しかし人々は、フェルセンがフランス王妃を死に追いやった民衆を憎み、彼がスウェーデン王になって、戦争を仕掛けると思い込むようになる。

一八一〇年六月、スウェーデンの王位継承者が突然死すると、彼が毒を盛ったという噂が流れた。その葬儀に出ないように周囲の者が忠告したが、フェルセンは馬車に乗って出かけようとした。しかし城から出るや否や、暴徒たちが襲いかかり、フェルセンを馬車から引きずり下ろして叩きのめした。そしてフェルセンは永遠に帰らぬ人となった。それは、奇しくもアントワネットたちがヴァレンヌの逃亡を決行した日と同じ、六月二十日のことであった。この日は二人にとって運命の日となった。

パティシエたちのその後

革命が勃発し、ルイ十六世の弟たちや親族、貴族は密かに城から逃亡していった。そして彼らに仕えていた使用人たちは行き場がなくなってしまった。

彼らは三つの選択肢から人生を再スタートすることになる。仕えていた主人に従って逃亡先で身を潜める、新たに職を開拓する、もしくは宮廷での経験を生かした仕事に就く、

ジャン＝バティスト・マリー・ポワソン《プティ・ガトーの売り子》1774年、カルナヴァレ美術館

ジャン＝バティスト・マリー・ポワソン《クリーム売り》1774年、カルナヴァレ美術館

のいずれかである。

料理人や菓子職人は、自身の店を持つ者も少なくなかった。当初の客は、大金持ちになった商人などのブルジョワである。元王族や貴族が住んでいたパレ・ロワイヤル界隈に出店することは、店のステイタスでもあり、何よりも上客がついた。ルイ十六世の弟で後のルイ十八世となるプロヴァンス伯の料理長、ボーヴィリエは、一七八二年、パレ＝ロワイヤル近くのリシュリュー通りに、初めて今日の意味でのレストランを開店させた。王家の一族、コンデ公の調理指揮官ロベールも、同じ通りに店を開いた。

彼らは食の世界に革命をもたらした。それまでフランスでは、外で食事をするという概念がなかった。やむなく旅する場合は、パンとハムとナイフを持参すればよかったのである。絶対王政を築いたルイ十四世は、四分の一勤務という制度を打ち立て、地方の官僚たちの財政や体力を疲弊させるために、年の四分の一の期間、ヴェルサイユ宮殿に出入りするように命じた。すでに千人もの居住者がいたヴェルサイユ宮殿に彼らは住むことができなかったため、宿や食事は自分たちで賄わなければならなかった。

そのため、ヴェルサイユの町には食事を提供する宿や店もあったが、知らない客同士が集まり、同じ時間に同じものを食べさせられるシステムであった。パリのような都会で食事を提供する店や宿は、旅人や独り者、労働者にさらに必要とされるようになっていったのである。

菓子職人としては、十八世紀の宮廷を飛び出て、現在にもその名を店に残す人物がいる。ニコラ・ストレールだ。

彼がヴェルサイユ宮殿で五年間働いたのちに、一七三〇年に開いたのが、パリ・モントルグイユ通りの乗合馬車事務所の隣に開店させた「ストレール」（Stohrer）である。創業年は革命前だが、王と王妃のパティシエだったことは貴族の称号にも等しく、それを聞いた客はどっと押し寄せた。キッシュやタルトなどの惣菜も、テイクアウトやケータリングとしてブルジョワに人気があった。

また、ルイ十六世に配膳係として仕えていたジャン＝バティスト・ギシャールは、王の処刑後、フランシュ・コンテ地方のモンボゾンに身を潜め、かつて宮廷で作っていたビスキュイを作り始めた。スプーンで生地をすくって天板に流して焼き、二枚重ねて仕上げたものである。彼は亡くなる直前、商人の娘に作り方を伝授し、現在も同じ形で作り続けられ、“Biscuits de Montbozon”として販売されている。

現在もチョコレート菓子「オペラ」で知られる「ダロワイヨ」（Dalloyau）は、宮廷に仕える一族であった。十七世紀後半、コンデ公に仕えていたシャルル・ダロワイヨの時代からブーランジェとして頭角を現し、その後一族四兄弟が食膳係としてヴェルサイユで働く。

フランス革命後は、一八〇二年に子孫のジャン・バティスト・ダロワイヨが新興のブルジョワジーに惣菜や菓子を提供するパティスリーを、フォーブル・サントノレに創業した。

世の中に先だってショコラティエを開いた者もいる。宮廷でショコラを扱っていた、ルイ十六世の薬剤師だったドゥボーヴは、一八〇〇年、パリにチョコレート製造会社を設立し、その後一八二三年に甥のガレと共に、ショコラティエ「ドゥボーヴ&ガレ」(DEBAUVE & GALLAIS)を開店させる。パリで最古といわれる王家ゆかりのショコラティエだ。ドゥボーヴは、苦く飲みにくい薬が苦手だったマリー・アントワネットのために頭痛薬とカカオバターを混ぜたショコラを考案し、「ピストル・ド・マリー・アントワネット」と名付けた。ナポレオンや作家プルーストにも贔屓《ひいき》にされた店であり、現在もサン・ペール通りに店を構えている。

カトリックが廃止された革命下では、修道院も破壊された。追われた修道女たちの行方はどうなったのか。その一部のエピソードが残っている。

現在ボルドー銘菓として有名なカヌレも、かつては修道院で作られていた。当時のレシピでは、小麦粉の代わりにトウモロコシ粉が使われていている。フランス革命で修道院が破壊され、その後隠れた存在になっていたこのお菓子を、一九八五年にパティシエたちがボルドー・カヌレ協会を設置し、普及活動を始めた。

Biscuits de Montbozon。ルイ16世に仕えていたジャン=バティスト・ギシャールが伝えたお菓子。素朴で優しい風味

ジャン=ベロー《シャンゼリゼ通りのパティスリー・グロッペ》19世紀、カルナヴァレ美術館

現在販売されているピストル・ド・マリー・アントワネットのチョコレートの外箱

チョコレートには、ハプスブルク家の百合の紋章が刻印されている

カヌレを焼くのに欠かせないのは、溝のある銅の型である。カヌレ（Cannelé）とは「溝のある」という意味を持つので、ここから由来した説もあり、型の内側には、蜜蠟を塗るのが基本の作り方である。蜜蠟とはみつばちの巣の主成分で、主に蠟燭や化粧品に使われる。修道院では蠟燭を作るため蜜蠟を使用していたため、お菓子作りにも役立てたのであろう。

また、リムーザン地方にル・クルーゾワというヘーゼルナッツの焼き菓子が残されているが、これもまた修道院発祥のお菓子だ。十四世紀頃にはすでに作られていたらしいが、一時期忘れ去られ、一六九六年にクルーズ県のクロ村の近くのラ・マジエール・オー・ボンノムという修道院で羊皮紙に書かれたレシピが見つかった。そのレシピには、Cuit en tuile creuse（瓦のへこんだところで焼く）とあったと伝わっている。クロ村は、中世の塔や教会が残る小高い丘の村で、瓦の名産地でもあるため、お菓子作りに瓦が使われたのだろう。

このように、宮廷や修道院で培われてきた技術とレシピは後世の職人に伝えられ、十九世紀になって、アントナン・カレームやその弟子たちなどが、時代に合わせたレシピや道具を考案して現代の形に残していった。現在フランス伝統菓子と呼ばれている、サントノレやエクレア、サヴァラン、ピュイ・ダムール、シャルロット、そしてクロカン・ブッシュなどは、この頃誕生したお菓子である。

アントワネットが実家のハプスブルク家で母親の目を盗んで食べていたおやつや、フランスに嫁入りする道中に差し入れられたお菓子、そしてヴェルサイユ宮殿のトリアノンで親しい友人たちとティータイムに口にしたお菓子は、時代を経てさらに洗練した形となり、今もなお私たちを魅了してやまない。

おわりに

「はじめに」のページで、マリー・アントワネットに「あなたの食べているものを教えてください。あなたがどんな人か当ててみましょう」と問いかけてみたが、読者の方々は、答えを導くことができただろうか？

私の答えは、アントワネットは、ファッションや香水、流行りのテキスタイルやお菓子が大好きだった、私たちとなんら変わらない一人の女性だったということである。ただ一つ違ったのは、王妃という運命を背負ってしまったが故の稀有な人生を送らねばならなかったことだ。憂鬱や不安、戸惑いを隠せない彼女を慮かって、パティシエたちは、彼女を喜ばせるために競って新しいお菓子を考案していたに違いない。十八世紀は幸い、料理本の出版が盛んであり、貴族たちがそのレシピを真似れば、また新たなレシピが誕生する時代だった。

当時のお菓子のレシピには分量の正確な記載はない。また、メレンゲやシュー、ジェノワーズ（現在のスポンジ生地のこと）、フィユタージュ（折パイ生地）、グラス（アイスクリーム）、ガトー・ド・サヴォワなどが見受けられるが、現代とほぼ同じものもあれば、異なるもの、または再現不可能なものもあった。たとえば、ジェノワーズは当時パイ生地を揚げるお菓子であったし、ビスキュイ・ド・サヴォワには、オレンジの花そのものを混ぜていた。バラ、スミレ、オレンジの花は、お菓子作りに多用され、そこから蒸留される水は、鎮静剤などとして重宝された。また、様々なフルーツを使ったジュレ、コンポート、ジャムなども盛んに作られていた。当時、デザートはフリュイ（フルーツ）と言われており、その加工品がデザートの主流だったのである。

その後、時代に合わないお菓子は、消えていく運命にあった。アンシャン・レジームという華やかさと、はかなさが背中合わせになったそんな時代と、その時代のお菓子が合い混ざるように生まれては消え、現代のフランス菓子を構築していくきっかけとなった。

マリー・アントワネットはどんなお菓子を食べていたか、とは、なんという大胆な探りだろう。世界中誰一人として知らないし、考えたこともないこのお題を持ちかけてくださったのが、本書の編集担当、濱下かな子さんである。おかげさまで、新しいマリー・アントワネット像を築きあげることができ、また、フランス菓子のありかたについて研究する機会を与えてくださったことに心からの感謝を申し上げたい。お菓子の撮影にあたっては、光の加減や角度を考慮し、美味しさを最大限に引き出してくださったカメラマン、半田広徳さんにもこの場を借りてお礼の言葉を述べたい。最後に、今回文献を探すにあたって、協力してくれた親友ザザ＝イザベル・モンズィーニと、貴重な時間を割いて書庫をご案内いただき、助言をくださったパリ国立図書館のイザベル・デグランジュさんに、すぐにでもこの本を届けたいと思う。

大森由紀子

参考文献

日本語文献

アナスタシア・エドワーズ『ビスケットとクッキーの歴史物語』片桐恵理子訳、原書房、2019
イアン・ケリー『宮廷料理人アントナン・カレーム』村上彩訳、ランダムハウス講談社、2005
イネス・ド・ケルタンギ『カンパン夫人』ダコスタ吉村花子訳、白水社、2016
ウィリアム・リッチー・ニュートン『ヴェルサイユ宮殿に暮らす』北浦春香訳、白水社、2010
エヴリーヌ・ルヴェ『王妃マリー・アントワネット』塚本哲也監修、遠藤ゆかり訳、創元社、2001
エリザベット・ド・フェドー『マリー・アントワネットの植物誌』アラン・バラトン監修、川口健夫訳、原書房、2014
サラ・モス、アレクサンダー・バデノック『チョコレートの歴史物語』堤理華訳、原書房、2013
ジャン＝クリスティアン・プティフィス編『12の場所からたどるマリー・アントワネット』（上・下）土居佳代子訳、原書房、2020
シュテファン・ツヴァイク『マリー・アントワネット』（上・下）中野京子訳、角川文庫、2007
ジェリ・クィンジオ『図説デザートの歴史』富原まさ江訳、原書房、2020
ソフィー・D・コウ、マイケル・D・コウ『チョコレートの歴史』樋口幸子訳、河出書房新社、1999
ダリア・ガラテリア『ヴェルサイユの宮廷生活』ダコスタ吉村花子訳、原書房、2023
ピエール＝イヴ・ボルペール『マリー・アントワネットは何を食べていたのか』ダコスタ吉村花子訳、原書房、2019
ピエール・リエナール、フランソワ・デュトゥ、クレール・オーゲル『王のパティシエ』大森由紀子監修、塩谷祐人訳、白水社、2010
ポール・クリスタル『〈図説〉お菓子の文化誌百科』ユウコ・ペリー訳、原書房、2022

マグロンヌ・トゥーサン＝サマ『お菓子の歴史』吉田春美訳、河出書房新社、２００５
ローラ・ワイス『アイスクリームの歴史物語』竹田円訳、原書房、２０１２
池田愛美『最新版ウィーンの優雅なカフェ＆お菓子』世界文化社、２０１６
江村洋『ハプスブルク家の女たち』講談社現代新書、１９９３
遠藤周作『王妃マリー・アントワネット』（上・下）、新潮文庫、１９８５
佐々木真『図説フランスの歴史』河出書房新社、２０１１
佐藤賢一『フランス革命の肖像』集英社新書ヴィジュアル版、２０１０
関田淳子『ハプスブルク家の食卓』集英社、２００２
関田淳子『ハプスブルク家のお菓子』新人物文庫、２０１１
武田倫子『ウィーン謎解き散歩』中経の文庫、２０１５
猫沢エミ『フランスの更紗手帖』パイインターナショナル、２０１６
若林ひとみ『クリスマスの文化史』白水社、２００４
大森由紀子『魅惑のチョコレート』雄鶏社、１９９７
大森由紀子『フランス菓子図鑑』世界文化社、２０１３
大森由紀子『パリのスイーツ手帖』世界文化社、２０１９

フランス語文献

Alexandre Dumas *Le Grand Dictionnaire de Cuisine* 4.Desserts édit France 1995
Christian Guy *Histoire de la Gastronome en France* Nathan 1985

E.Carenne, E.Duval *Traité de Pâtisserie Moderne* FLAMMARION 1974
Jean Vitaux et Benoîts Frane *Dictionnaire du Gastronome* puf 2008
Jean Carpentier et François Lebrun *Histoire de France* POINTS 1989
Joseph Menon *La Science du maître d'Hôtel Cuisinier* Paulus-Du-Mesnil 1749
Joseph Menon *La Cuisinière bourgeoise* Guillyn 1746
Joseph Menon *La Science du maître d'Hotel Confiseur* Paulus-Du-Mesnil 1750
Jules Gouffé *Le livre de pâtisserie* Librairie Hachette 1867
Michèle Villemur *A la Table de Marie-Antoinette* PLON 2013
Michèle Villemur *Madame de Pompadour* Cherche Midi 2016
Renaud Thomazo *Marie-Antoinette* LAROUSSE 2016
Patrick Rambourg *Histoire du Paris gastronomique* PERRIN 2023
S.G.Sender et Marcel Derrien *La Grand histoire de la Pâtisserie-Confiserie Française* Minerva 2003

図版出典

2ページ：Erich Lessing／K&K Archive／アフロ、18ページ上：Erich Lessing／K&K Archive／アフロ、26ページ：Bridgeman Images／アフロ、53ページ：ALBUM／アフロ

●著者紹介

大森由紀子（おおもり ゆきこ）

学習院大学フランス文学科卒。パリ国立銀行（現在のBNPparibas）を経て渡仏。フランス料理と菓子を学ぶ。二十数年にわたりフランス全土を周り、料理や菓子の背景、歴史を研究。現在は東京と京都で料理・菓子教室を主宰するかたわら、菓子コンクールの審査員、企業アドバイザーを務める。『料理王国』、「産経新聞」にスイーツ記事を連載中。著書多数。近著は『フランス伝統料理と地方菓子の事典』（誠文堂新光社）、『フランスの宝石菓子100』（パイ インターナショナル）。フランス農事功労章シュバリエ叙勲。インスタグラム@omoriyukikoにて日常や仕事の様子を投稿中。

姫君の世界史

マリー・アントワネットのお菓子《かし》

二〇二五年五月一〇日 第一版第一刷発行

著者 大森由紀子

発行者 矢部敬一

発行所 株式会社 創元社

〒五四一-〇〇四七 大阪市中央区淡路町四-三-六

電話（〇六）六二三一-九〇一〇㈹

https://www.sogensha.co.jp/

印刷 東京印書館

ブックデザイン 川添英昭

菓子撮影 半田広徳

校正 円水社

DTP 一條麻耶子

ISBN978-4-422-21547-1 C0322